半小时 国学课堂

给孩子的

半小时
论语课

杨红 著　杨咩 绘

长江出版传媒 | 崇文书局

图书在版编目（CIP）数据

给孩子的半小时论语课 / 杨红著；杨咩绘 . —— 武汉 : 崇文书局，2023.6
（半小时国学课堂）
ISBN 978-7-5403-7285-9

Ⅰ . ①给… Ⅱ . ①杨… ②杨… Ⅲ . ①《论语》—少儿读物 Ⅳ . ① B222.2-49

中国国家版本馆 CIP 数据核字（2023）第 099658 号

责任编辑：李利霞
责任校对：董　颖
装帧设计：刘嘉鹏　杨　艳
责任印制：李佳超

给孩子的半小时论语课
GEI HAIZI DE BANXIAOSHI LUNYU KE

出版发行：长江出版传媒　崇文书局
地　　址：武汉市雄楚大街 268 号 C 座 11 层
电　　话：(027)87677133　邮政编码：430070
印　　刷：湖北新华印务有限公司
开　　本：880mm×1230mm　1/32
印　　张：7
字　　数：150 千
版　　次：2023 年 6 月第 1 版
印　　次：2023 年 6 月第 1 次印刷
定　　价：46.00 元
（如发现印装质量问题，影响阅读，由本社负责调换）

序

从2016年起，我开始给小学生讲《论语》，到现在已经有七八年了。起初，我是给我儿子和他的同学讲；后来，我来到儿子的学校，给全校的同学讲；再后来，我到湖北人民广播电台、各大新媒体平台讲。

这期间，有太多的学生以及共读的家长给我反馈："谢谢杨老师，让我喜欢上了《论语》。""谢谢您，学习《论语》改变了我的孩子！"

这，就是我坚持给小学生和家长们讲《论语》的动力。

《论语》是孔子弟子及其再传弟子关于孔子言行的记录。片言只语，却是应对人生各种问题的灵丹妙药。宋朝的学者朱熹曾说过："天不生仲尼，万古如长夜。"孔子的思想如长夜明灯，照耀人类历史的长空。

小学生学《论语》，离不开"朗读、理解、背诵、书写"，所以我定的学习时长为每天半小时。学习古文，离不开诵读，按照我的背诵小贴士来朗读、背诵，你一定会成为背诵小高手。

这本书还有以下几个特色：

第一，全书通过一个个生动有趣的小故事串联起来，这些故事都是《论语》章句背后的故事。小朋友们看了之后，既可以记住这些名言警句，又能扩充写作素材。

第二，每一课的《论语》章句都是精心挑选，孩子们熟悉的成语很多来自《论语》，如"三思后行""见贤思齐"，通过回溯到原文，帮助学生理解文本，培养文言文语感。

第三，挑选出基本汉字进行讲解。我在讲《论语》的过程中了解到，识字也是文言文阅读的基础。所以，我从《论语》中挑选出基本汉字，从字形、字义演变讲起，力求有趣，让小朋友们容易理解和记忆。

这套"半小时国学课堂"系列书，除了《论语》，还有《声律启蒙》、唐诗和宋词。每一本在讲解的过程中，都穿插了对历史、文化相关背景的介绍，趣味性强。所有栏目的设置，也都秉持一个原则：让孩子喜欢、爱读，让家长便于解说、引导。

现在，和我一起迈进国学的大门吧！

杨红

2023年4月

目录

孝顺 — 以爱之名，做一个孝顺感恩的人

自我管理 — 每一次约束，只为迎接更好的自己

言行 ⟶ 方寸之间，完成无声的蜕变

自省 ⟶ 用自省的心，照亮前方的路

学 习

快乐学习，让学习更上一层楼

学而时习之

子°曰："学而时习°之，不亦°说° ^{yuè}

乎？有朋自远方来，不亦乐乎？人不 ^{lè}

知而不愠° ^{yùn}，不亦君子乎？"（学而）

背诵小贴士：带读10遍，独读10遍，背诵5遍，考背5遍。

2

注释

子：《论语》中"子曰"的"子"，都是指孔子。孔子，名丘，字仲尼，春秋鲁国人。

习：其繁体字是"習"，本义是一只小鸟不断地练习飞翔，在这里表示学习了要经常实践。

亦：也是。

说：同"悦"，高兴、愉快。

愠：生气，不高兴。我们常说的面带愠色，指的是脸上表现出不高兴的神情。

译文

孔子说："学习了，然后按照一定的时间去实习，这难道不觉得很高兴吗？有志同道合的人从远方来，这难道不是一件很快乐的事情吗？别人不了解我，我却一点儿都不怨恨，这难道不是一个君子的所作所为吗？"

杨老师讲《论语》

孔子一生都在学习，到了晚年，他开始研读《周易》。《周易》是我国古代的一部堪称伟大的哲学著作，它的内容高深广博，很难读懂。

孔子花了很大的力气，把《周易》读了一遍，基本了解了它的内容。不久他又读了第二遍，掌握了它的基本要点。接着，他又读了第三遍，对其中的精神和实质，理解得更为透彻了。后来，孔子又把《周易》反复读了很多遍，穿连《周易》竹简的牛皮带子都磨断了好几次。

孔子好学，人们由孔子读《周易》的故事，提炼出成语"韦编三绝"，用来称赞这种刻苦读书的好学精神。

知识拓展

春秋时期的书，是用竹片做成的，叫作"竹简"。一部书要用到许多竹简，再用绳子之类按次序编连起来。用丝线编连的叫"丝编"，用麻绳编连的叫"绳编"，用熟牛皮绳编连的叫"韦编"。

甲骨文　　小篆　　隶书　　楷书

　　甲骨文的"学"字，上面是一双手捧着"爻"，爻是《周易》里的单位，代表变化和交错，在这里表示对所学知识的崇敬态度。下面是房子，表示孩子在房子里安稳地学习。

常用意思	学习	举例：勤工俭学
	学问	举例：治学　才疏学浅
	学科	举例：数学　化学

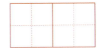

三人行，必有我师

子曰："三人°行，必有我师焉。
择°其善°者而从°之，其不善者而改°
之。"（述而）

背诵小贴士：带读10遍，独读10遍，背诵5遍，考背5遍。

注释

三人：指多个人。

择：选择，挑选。

善：好的，有益的。

从：跟从，学习，借鉴。

改：改正。

译文

孔子说："几个人一起走路，其中一定有人可以做我的老师。选择他的优点向他学习，如果发现缺点，就对照自己加以改正。"

杨老师讲《论语》

一天，孔子来到周公庙，遇到不懂的就向别人请教。有人嘲笑孔子，说他什么都不知道，不懂礼仪。

孔子不急也不恼，他认为，对于自己不懂的事情，向人请教，这正是一种礼仪。这时，又有人提出不同的意见，说有学问的人不应该像你一样到处去问别人。

接下来，孔子就说出了这段至理名言："三人行，必有我师焉。择其善者而从之，其不善者而改之。"由这段话，人们提炼出了两个成语"三人行，必有我师"和"择善而从"。

知识拓展

"其"在文言文中的意义和用法有两种：1.作人称代词，译为"他的，他们的"。如"择其善者而从之"，选择他的优点向他学习。2.作副词，译为"难道"。如"其可得乎"，意思是"难道可能吗"。

一日一字

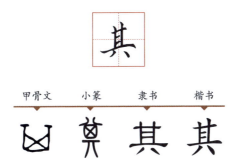

甲骨文　　小篆　　隶书　　楷书

甲骨文的"其"字，像一个装东西的簸箕，左右两边像簸箕的边框，中间的线条像竹木编织的纹理。"其"的本义是簸箕，现在被假借为第三人称代词。

常用意思 { 人称代词，他的，他们的　　举例：自圆其说
指示代词，那个，那样　　举例：不厌其烦
作后缀　　　　　　　　　举例：尤其　极其

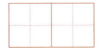

择其善者而从之

知之为知之

子曰："由[。]，诲[。]女[。]知之

乎！知之为[。]知之，不知为不

知，是知[。]也。"（为政）

背诵小贴士：带读10遍，独读10遍，背诵5遍，考背5遍。

注释

由：孔子弟子仲由，字子路，比孔子小九岁。

诲：教诲，教导。

女：同"汝"，表示第二人称你的意思。

为：是，表示判断。

知：同"智"，聪明的意思。

译文

孔子说："仲由，我教你怎么对待知与不知吧！知道就是知道，不知道就是不知道，这才是聪明智慧。"

杨老师讲《论语》

孔子认为，一个人的知识再渊博，也有不明白的事情。没有人一生下来就上通天文、下知地理，都需要不断地学习。对于所学的知识，不懂不要紧，千万不要不懂装懂，这才是对待知识的正确态度。

汉景帝的儿子刘德，非常虚心好学。有一次，刘德到长安时遇见一群人正在讨论古代的学术问题，其中有个人自认为看了不少先秦的书，便夸夸其谈起来。刘德听出他的话中有许多错误，便一一纠正过来。

大家见刘德学问很深厚，纷纷向他请教。对于大家提出的问题，刘德知道的就向大家耐心解说，不知道的就直说不知道。大家见他身居高位，治学严谨，没有一点儿浮夸的习气，都佩服极了。

一日一字

| 甲骨文 | 小篆 | 隶书 | 楷书 |

　　甲骨文的"知"字，由干、口、矢组成。"干"表示棍子，是远古最原始的武器。"矢"是弓箭。三者合起来，表示讨论打仗的事情，快速作出决断。"知"的本义是思维敏捷。

常用意思 { 知道　　　举例：知无不言
          使知道　　举例：知会　通知
          知识　　　举例：无知　求知

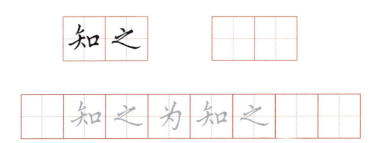

学而不厌，诲人不倦

子曰："默而识^{zhì}之，学而不厌°，诲°人不倦^{juàn}，何有°于我哉^{zāi}？"

（述而）

背诵小贴士：带读10遍，独读10遍，背诵5遍，考背5遍。

注释

识：记住。

厌：厌弃。

诲：教导，教诲。

何有：有什么。

译文

孔子说："把见到的、听到的默默地记在心里，努力学习而不厌烦，教导别人而不疲倦，这些事情我做到了哪些呢？"

杨老师讲《论语》

有一次，学生子贡问孔子："您是圣人吗？"孔子说："圣人我做不到，我大概能做到学而不厌，诲人不倦吧！"子贡接着说："学而不厌，是智慧；诲人不倦，是仁心。老师既有智慧，又有仁爱之心，那当然是圣人！"

在整部《论语》中，类似这样的师生对话有不少。

一日，孔子感叹道："若说我是圣人、仁人，我哪里担当得起？我只不过是在学做圣人、仁人方面，做到'为之不厌，诲人不倦'罢了。"学生公西华说："正是这点，是我们弟子学不到的啊！"

不管孔子怎么谦虚，在学生眼里，他就已经是圣人的代表了。

知识拓展

在文言文中，"而"的意义和用法有四种：1.表示并列，如"劳苦而功高"。2.表示转折，如"千里马常有，而伯乐不常有"。3.表示顺承，如"温故而知新"。4.表示主谓之间的强调，如"人而无信，不知其可也"。

一日一字

不

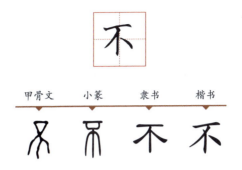

| 甲骨文 | 小篆 | 隶书 | 楷书 |

　　甲骨文的"不"字，上面一横表示土地，下面的须状线条表示种子萌发时向地下生长的胚根。"不"是"胚"的本字，后来假借为"丕""不""否"。

常用意思 { 表示否定　　举例：不能　不会
不用，不要　举例：不客气　不谢
表示不可能　举例：拿不动　装不下

识之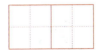

学 而 不 厌 诲 人 不 倦

好之不如乐之

子曰："知°之°者°不如好°
之者，好之者不如乐°之者。"

（雍也）

背诵小贴士：带读10遍，独读10遍，背诵5遍，考背5遍。

注释

知：懂得，知道。

之：代词，它，指学问、修养。

者：……的人。

好：喜欢，爱好。

乐：以……为快乐。

译文

孔子说："（对于学问和修养）懂得它的人不如喜欢它的人，喜欢它的人又不如以它为乐的人。"

杨老师讲《论语》

对待学问的态度，孔子讲了三个层次：第一层是知道，即懂得、了解；第二层是喜欢，对所学的知识感兴趣；第三层也是最高的层次，享受学习给我们带来的乐趣。

在官场上不得志的孔子，反而从学习和教学中找到了很多的乐趣。你知道孔子喜欢学习到了什么程度吗？

《孔子家语》记载了这样一则小故事。

有一天，孔子的儿子孔鲤从外面回到家，经过庭院，正巧遇到孔子在院子里散步。孔子就把孔鲤叫住，说了这样一段话："鲤儿呀，我听说可以合乎人的心意，让人整日不知道疲倦的事情，大概只有学习吧。"

孔子不但自己从学习中找到了乐趣，还能循循善诱，激发学生的学习兴趣。颜渊是孔子最喜欢的学生，他曾这样赞美孔子："老师慢慢地引导我，让我学习广博的知识，用礼法约束我的行为，让我想停止学习都不可能啊。"

一日一字

乐

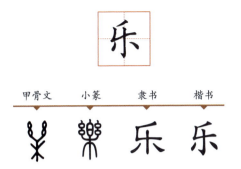

甲骨文	小篆	隶书	楷书

甲骨文的"乐"字，上面是丝线做成的弦，下面是一个木头架子，合起来像一把古琴。"乐"的本义为乐器，又指音乐，音乐能使人快乐，后又引申出"快乐"的含义。

常用意思
- 音乐（yuè）　举例：乐曲　声乐
- 快乐（lè）　举例：乐观　快乐
- 乐（lè）于　举例：安居乐业　喜闻乐见

乐 之

好 之 者 不 如 乐 之 者

温故而知新

子曰："温^{wēn}故°而知新°，可以为^{wéi}师矣^{yǐ}°。"（为政）

背诵小贴士：带读10遍，独读10遍，背诵5遍，考背5遍。

注释

故：已经学过的知识。

新：新的认识、体会与收获。

矣：句末语气词，相当于"了"。

译文

孔子说："复习学过的知识，能够有新的体会、新的发现，就可以当老师了。"

杨老师讲《论语》

我们学过的知识放上一段时间，就像烧开的水一样，会变冷。"温"是将放凉的东西加热；故，是指学过的知识。做到"温故"，往往会有新的收获。

孔子很喜欢音乐，年轻时跟着师襄子学琴。师襄子教给孔子乐理知识和演奏技巧后，给他一首曲子，让他自己练习、体会。孔子一遍遍地练习，十天过去了，还在反复弹奏。

师襄子对他说："你可以学新的曲子了。"孔子说："我虽然熟悉了这支曲子，但乐曲中的结构和韵律我还没有很好地掌握。"

又过了十几天，师襄子认为孔子的演奏已如行云流水，对他说："你已经掌握了这支曲子所蕴含的志趣和情趣，可以学习别的曲子了。"孔子却说："我还没领悟到乐曲的作者是个怎样的人。"于是孔子继续温习这首乐曲。

十多天后，孔子神情庄重地说："我知道了，那个人面貌黝黑，身躯伟岸，胸怀天下，是个有王者气度的人。除了周文王，还能是谁呢？"师襄子既惊讶又佩服地说："你说得太对了，我的老师曾告诉我，这支曲子就是《文王操》！"

一日一字

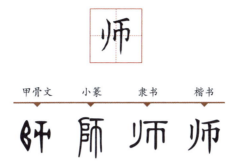

甲骨文　　小篆　　隶书　　楷书

甲骨文的"师"字，左边像两个小山包，后来右边加了一个"帀"字，表示环绕一周的意思，合起来就是安营扎寨。"师"的本义是军队。管理军队要有一技之长，所以拥有一技之长的人也被称为"师"。

常用意思	军队的编制单位	举例：出师　班师
	称传授知识的人	举例：教师　师傅
	掌握专门技艺的人	举例：工程师　厨师

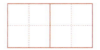

不耻下问

子贡问曰："孔文子[wèi]何以谓之'文'也？"子曰："敏[mǐn]而好学，不耻[chǐ]下问，是以谓之'文'也。"（公冶长）

背诵小贴士：带读10遍，独读10遍，背诵5遍，考背5遍。

注释

孔文子：卫国的大夫，名圉（yǔ），死后被谥（shì）为"文"。谥，古代帝王、贵族、大臣死后，依据他们生前的表现给予的称号。

敏：聪敏。

不耻：不以……为耻。

译文

子贡问道："孔文子凭什么被谥为'文'？"孔子说："他聪敏好学，又谦虚地向学问不如自己的人请教，不以为耻，所以用'文'字做他的谥号。"

杨老师讲《论语》

　　孔圉是卫国的大夫，为人正直，虚心好学。孔圉的谥号是"文"，后人都尊称孔圉为"孔文子"。子贡也是卫国人，他对这件事很不理解，他认为，论学问，比孔圉更出色的大有人在，为什么单单只有孔圉的谥号是"文"。

　　孔子是这样解释的，孔圉聪敏好学，更做到了不耻下问，这是非常难得的地方，因此卫国国君赐给孔圉"文"这个谥号。

　　不耻下问也是中华传统美德之一，它强调要虚心，要勇于向地位比自己低、年龄比自己小或知识水平不如自己的人请教，只要有比自己强的地方，就虚心向他学习，不要因此而感到羞耻。

一日一字

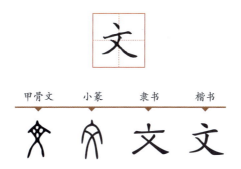

甲骨文	小篆	隶书	楷书

甲骨文的"文"字，像一个站立着的人形，双臂向左右伸展，胸前刺有美丽的花纹。"文"的本义是文身，即在人身上刺花纹图案，后引申为花纹、纹理。

常用意思
- 字　　　　　举例：甲骨文　钟鼎文
- 文章　　　　举例：记叙文　文如其人
- 柔和，不猛烈　举例：文雅　文弱

好学

不耻下问

29

背默小天才

人不知而不 ☐ ，不亦 ☐ ☐ 乎？

三人行，必有 ☐ ☐ 焉。

知之为 ☐ ☐ ，不知为 ☐ ☐ ，

是知也。

☐ ☐ 而知新，可以为师矣。

敏而好学，不耻 ☐ ☐ 。

交友

叩开友谊的大门，结伴往前走

四海之内皆兄弟

司马牛°忧曰："人皆有兄弟，我独亡°wú。"子夏°曰："商闻之矣：死生有命，富贵fù guì在天。君子敬而无失°shī，与人恭°gōng而有礼，四海之内，皆jiē兄弟也——君子何患°huàn乎无兄弟也？"（颜渊）

背诵小贴士：带读10遍，独读20遍，背诵10遍，考背5遍。

注释

司马牛：孔子弟子，字子耕。

亡：同"无"，没有。

子夏：孔子弟子，姓卜名商，字子夏。

失：过失。

恭：恭敬。

患：担忧，忧虑。

译文

司马牛忧愁地说："别人都有好兄弟，唯独我没有。"
子夏说："我听说过：死生听之命运，富贵由天安排。
君子只要做事严肃认真，不出差错，对别人恭敬又有礼
貌，天下之大，到处都是好兄弟——君子何必担忧没有
好兄弟呢？"

杨老师讲《论语》

司马牛是宋国人，孔子的七十二弟子之一，善言谈，性子焦躁。他的哥哥司马桓魋（huán tuí）很得宋景公的信任与重用。鲁哀公十四年（公元前481年），司马桓魋伙同兄弟一起谋反。后来叛乱失败，全部逃亡在外。

司马牛自拜孔子为师后，看重君臣之道，反对犯上作乱。在家族叛乱之前，他就已离开宋国。他对自家兄弟的作乱行为感到相当气愤，认为这种兄弟"有不如无"。其家族败落后，这种没有好兄弟的孤独感更加强烈。所以，司马牛才会这么忧愁地感叹。

子夏便用"死生有命，富贵在天"和"四海之内，皆兄弟也"来安慰他。子夏认为，生死和富贵都是命运的安排，没有办法改变，至于兄弟，只要我们与别人交往时做到恭敬有礼貌，普天之下的人，都是兄弟。

一日一字

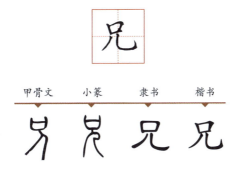

甲骨文　　小篆　　隶书　　楷书

　　甲骨文的"兄"字，上面是一个"口"，代表嘴，下面是一个向左跪着的人，似张口向天祷告求福。在古代，只有嫡长子才能代表家族向天祷告。所以，"兄"表示年龄大的男性。

常用意思 {
哥哥　　　　　　　　　　　　　举例：胞兄
亲戚中同辈且年纪比自己大的男子　举例：堂兄
对男性朋友的尊称　　　　　　　举例：仁兄
}

忠告而善道之

子贡问友。子曰:"忠告°而善道°之,不可则止°,毋°自辱焉。"(颜渊)

背诵小贴士:带读10遍,独读10遍,背诵5遍,考背5遍。

注释

忠告：忠心地劝告。

道：引导。

止：停止，停下来。

毋：不要。

译文

　　子贡问如何对待朋友。孔子说："忠心地劝告他，好好地引导他，他不听从，那就算了，不要自取其辱。"

杨老师讲《论语》

据《史记》记载，孔子有弟子三千，若论成功，非子贡莫属，他既是外交家，也是大商人，左右逢源，富可敌国。论人缘，也是很好的。

当然，子贡也非"完人"。子贡喜欢赞扬别人的优点，也喜欢不加考虑地批评别人。

主张因材施教的孔子，自然对子贡的个性了如指掌。所以，当子贡问如何对待朋友这个话题时，孔子特别提醒他："对待朋友应该有分寸，不要咄咄逼人，否则就会自取其辱了。"

一日一字

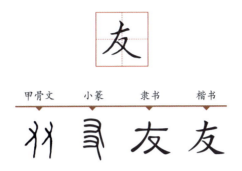

甲骨文　小篆　隶书　楷书

甲骨文的"友"字，如两只右手靠拢在一起，好像旧友重逢时伸出的右手。"友"的本义是"朋友"。在古代，朋和友是有区别的：拜同一个老师学习的称之为"朋"，有相同志向的称之为"友"。

常用意思
- 朋友　　　　举例：好友　战友
- 亲近　　　　举例：友爱　友好
- 有友好关系的　举例：友人　友邦

忠告

忠告而善道之

君子以文会友

曾子^{zēng}曰："君子以○文○会友，以友辅仁^{fǔ rén}○。"（颜渊）

背诵小贴士：带读10遍，独读10遍，背诵5遍，考背5遍。

注释

曾子：孔子弟子，姓曾，名参（shēn），字子舆（yú）。

以：用，凭借。

文：文章，学问。

仁：仁德。

译文

　　曾子说："君子用文章学问来聚会朋友，用朋友来帮助自己培养仁德。"

杨老师讲《论语》

曾子比孔子小46岁，是孔子的得意门生之一。《论语》中的"吾日三省吾身""士不可以不弘毅，任重而道远"等都出自曾子之口。

说到"以文会友，以友辅仁"，历史上有很多佳话，其中苏轼和佛印的交往方式非常有趣。

有一天，苏东坡请佛印吃鱼，戏说吃"半鲁"（"鲁"字的上半部为鱼），佛印半天没反应过来。第二天，佛印也请苏东坡吃"半鲁"，结果让苏东坡在院子里晒了半天太阳，原来他说的"半鲁"指的是"鲁"字的下半部。

拥有志趣相投的朋友是一笔财富。"君子以文会友"，结交志同道合的朋友，目的在于彼此辅助，达到践行仁德的境界。

一日一字

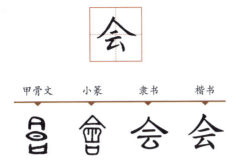

甲骨文	小篆	隶书	楷书

甲骨文的"会"字，上面的三角形像一个盒盖，下面是食器，中间装着的是切细的鱼或肉。"会"的本义是会集，后引申为聚合、会合。

常用意思
- 聚合，合在一起　　举例：会合　会诊
- 见面，会见　　　　举例：会面　会客
- 理解，懂得　　　　举例：体会　心领神会

君子

君子以文会友

道不同，不相为谋

子曰："道◦不同，不相为谋◦。"（卫灵公）

背诵小贴士：带读5遍，独读5遍，背诵5遍，考背5遍。

注释

道：主张，志向。

谋：商议，谋划。

译文

孔子说："主张不同，不能互相商议。"

杨老师讲《论语》

孔子这句"道不同，不相为谋"说的是他和伯夷，他们是两种类型的人。伯夷代表出世的隐士，孔子坚持入世救世，两人可以互相欣赏，但无法共事。

"道不同"不是一时的意见不同，而是根本思想的不同。这里的"道"指的是主张、判断标准和志向等。主张不同，或者说志向不同的人，就没有办法在一起商议谋划。

讲一个小故事。

有个宋国人，得到一块玉石，将它献给宋国大夫子罕。子罕不肯接受。

献玉石的人说："我曾经把这块玉石拿给玉工鉴定过，他认为这是一块宝玉，因此我才敢献给您。"子罕说："我把不贪图财物的品德当作是宝物，你把玉石作为宝物。如果你把玉石送给了我，那我们两人都丧失了宝物，还不如各自留着各自的宝物。"

这就是"道不同，不相为谋"。

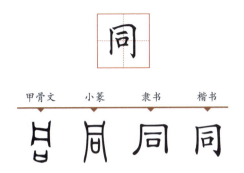

甲骨文　　小篆　　隶书　　楷书

　　甲骨文的"同"字，是由四个人抬的正方形物品的象形加上一个"口"组成，表示一声口令，大家齐心合力一起把这个正方形物品抬起来。"同"的本义是合力、会合，后引申为相同、一样、共同。

常用意思 { 一样　　举例：同岁　同类
　　　　　 一起　　举例：一同　陪同
　　　　　 跟……一样　举例：同上　同前

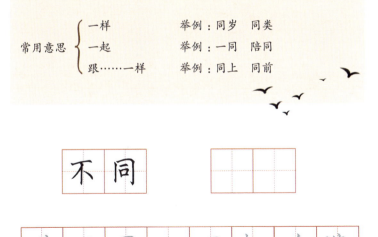

不同

道 不 同 ， 不 相 为 谋

不保其往

互乡°难与言，童子°见，门人惑。子曰："与°其进也，不与其退也，唯何甚°？人洁己°以进，与其洁也，不保°其往也。"（述而）

背诵小贴士：带读10遍，独读20遍，背诵5遍，考背5遍。

注释

互乡：古地名，现在已不知其具体位置。

童子：少年。

与：赞成。

唯何甚：何必做得太过呢？

洁己：把自己收拾得干干净净。

保：守，译为"总抓住"。

译文

　　互乡这地方的人难于交谈，那里的一个童子得到孔子的接见，弟子们都很疑惑。孔子说："我是赞成他的进步，不赞成他的退步，何必做得太过呢？人家把自己收拾得干干净净而来要求上进，就应该赞成他的这种做法，不要总抓住他的过去不放。"

杨老师讲《论语》

互乡的少年向孔子请教，这本是一件很小的事情，却被孔子的学生记录了下来，而且是以一种疑惑的态度记录下来的。孔子的回答，透着一个道理：对他人，要有一颗不计前嫌的包容之心。

春秋时期齐国国君齐襄公被杀，当时身在鲁国的公子纠和身在莒（jǔ）国的公子小白得到消息后，都急着要赶回齐国争夺君位。

公子小白回齐国途中，公子纠的师傅管仲派人拦截他并射了他一箭，但小白诈死，抄小路抢先回到齐国继位，即齐桓公。后来，他的师傅鲍叔牙向他推荐管仲。齐桓公气愤地说："管仲拿箭射我，要我的命，我还能用他吗？"鲍叔牙却说："论本领，他比我强得多。主公如果要干一番大事业，管仲可是个用得着的人。"

齐桓公听了鲍叔牙的话，命管仲为相。在管仲的辅佐下，齐国变得强大，齐桓公成为春秋五霸之一。

齐桓公的做法，即是孔子说的"与其洁也，不保其往也"的真诚做法。

一日一字

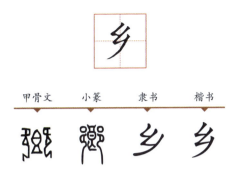

甲骨文	小篆	隶书	楷书

"乡"是"鄉"的简化字，甲骨文的"鄉"字，是两个人面对面地跪坐着，在他们中间有一个装食物的鼎，好像在一起吃饭。"乡"的本义是用酒食招待人，后来演变为住在一个地方的人。

常用意思 {
乡村　　　举例：下乡　城乡
家乡　　　举例：背井离乡
基层行政单位　举例：乡村　乡镇
}

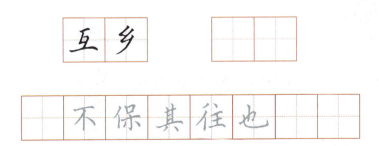

互乡

不保其往也

益者三友

孔子曰："益者三友°，损者^{sǔn}

三友。友直,友谅°,友多闻,益矣。^{liàng}

友便辟°,友善柔°,友便佞°,损^{pián bì} ^{nìng}

矣。"(季氏)

背诵小贴士：带读10遍，独读10遍，背诵10遍，考背5遍。

52

注释

益者三友：有益的朋友有三种。

谅：诚信。

便辟：谄媚奉承。

善柔：当面恭维背后毁谤。

便佞：夸夸其谈。

译文

孔子说："有益的朋友有三种，有害的朋友有三种。同正直的人交友，同诚信的人交友，同见闻广博的人交友，便有益。同谄媚奉承的人交友，同当面恭维背后毁谤的人交友，同夸夸其谈的人交友，便有害。"

杨老师讲《论语》

说到交什么样的朋友，来看看《世说新语》里的这个故事。

管宁和华歆（xīn），是三国时期的人。两人是朋友，从小一起读书，一起玩耍。有一天，他们俩在院子里锄地，看见地里有片金子，管宁继续锄地，华歆把金子捡起来扔到了一边。

又有一次，他俩坐在同一张席子上读书，一个官员乘坐着华丽马车从门口经过，管宁不为所动，认真读书，华歆却扔下书跑出去观看。

管宁对华歆的行为很不满，等华歆回来后，他把席子割成了两半，两人分开坐，并对华歆说："你不是我的朋友。"

这个故事叫"割席断交"或"管宁割席"，用来指断绝朋友关系。

对管宁而言，华歆不够专心，贪图物质享受，所以不愿与他为友。

小朋友们在结交朋友时，可以参照孔子评判朋友的标准，多结交三种有益的朋友，远离三种有害的朋友。

一日一字

小篆　　　隶书　　　楷书

　　"便"是一个会意字，从人，从更，表示人更改不便，使之方便。"便"的本义是方便。"便"有两个读音，分别为pián和biàn。以下是读音biàn的常用意思。

常用意思 ⎧ 方便，便利　　举例：轻便　近便
　　　　　⎨ 非正式的　　　举例：便饭　便条
　　　　　⎩ 屎或尿　　　　举例：粪便

友直友谅友多闻

背默小天才

四海之内皆 □□ 也。

忠告而善道之，不可 □□ 。

君子以文会 □ ，以友辅 □ 。

□ 不同，不相为谋。

友直，友谅，友 □□ ，益矣。

孝顺

以爱之名，做一个孝顺感恩的人

孝弟为仁之本

有子°曰："其为人也孝弟°，而好犯°上°者，鲜°矣；不好犯上，而好作乱者，未之有也。君子务本°，本立而道°生。孝弟也者，其为仁之本与°！"（学而）

背诵小贴士：带读10遍，独读20遍，背诵5遍，考背5遍。

注释

有子：孔子晚年的学生，姓有，名若。

孝弟：孔子和儒家提倡的两个基本的道德规范。孝，孝顺父母。弟，同"悌"，敬爱兄长。

犯：冒犯。

上：在上位的人。

鲜：少，《论语》中的"鲜"都是这样的用法。

务本：务，专心致力。本，根本，这里指"孝弟"。

道：指孔子所提倡的仁道。

译文

有子说："孝顺父母，敬爱兄长，却喜欢触犯上级，这样的人是很少见的。不喜欢触犯上级，却喜欢造反的人，就更不会有了。君子专心致力于根本的事务，根本建立了，'道'就会产生。孝顺父母，敬爱兄长，这就是仁的根本哪！"

杨老师讲《论语》

鲁哀公八年（公元前487年），吴国攻打鲁国，一路上势如破竹，很快就要攻到鲁国的城门口了。危急下，鲁国大夫微虎组织勇士七百人，偷袭吴国的军营，最后迫使吴王签订盟约。

这七百勇士，有子就在其中。孔子的众多学生中，有子算是标准的好学生，不仅学习勤奋，而且善于思考。

在有子看来，"孝弟是做人的根本，也是仁的根本"。仁的根本精神是爱人。父母、兄弟是身边最亲近的人，所以，爱人要从爱父母、爱兄弟开始。如果连父母、兄弟都不爱，又怎么能去爱别人呢？

知识拓展

"者"常常和其他的词连用，如"愚者""后来者""老者""有耕者"，等等，译为"……的人"或者不翻译。"者"若和时间词语连用，表时间，如"昔者"，译为"以前"。

一日一字

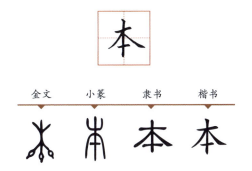

金文	小篆	隶书	楷书

本

　　金文的"本"字，上面是一个"木"，代表树，下面是三个小圆圈，表示树木的根部。"本"的本义是树根，后来人们把根和本连到一起，形成复音词"根本"。

常用意思	草木的茎或根	举例：草本　木本
	事务的根本	举例：以人为本　舍本逐末
	本子	举例：书本　账本

孝弟

其为仁之本

61

生，事之以礼

孟懿子[◦]问孝。子曰："无违[◦]。"

樊迟[◦]御[◦]，子告之曰："孟孙问孝于我，我对曰，无违。"樊迟曰："何谓也？"子曰："生，事[◦]之以礼；死，葬之以礼，祭之以礼。"（为政）

背诵小贴士：带读10遍，独读10遍，背诵5遍，考背5遍。

注释

孟懿子：鲁国大夫，姓仲孙，名何忌，"懿"是他死后追赠的谥号。

无违：不要违背礼节。

樊迟：孔子学生，名须，字子迟。

御：驾驶马车。

事：侍奉。

译文

孟懿子问孔子什么是孝道。孔子说："不要违背礼节。"

樊迟为孔子驾车，孔子告诉他说："孟孙问我什么是孝道，我回答他说，不要违背礼节。"樊迟说："这是什么意思？"孔子说："父母活着的时候，按照规定的礼节侍奉他们；父母去世了，按照规定的礼节安葬他们，祭祀他们。"

杨老师讲《论语》

　　孟懿子是鲁国的大夫，早年，他的父亲孟僖（xī）子随同鲁昭公出访楚国，因为不熟悉礼仪流程，让鲁昭公很尴尬，也给人落了个不懂礼的印象。孟僖子临终前，让自己的两个儿子孟懿子和南宫敬叔拜孔子为师，跟着孔子学习礼仪。

　　有一次，孟懿子问孔子什么是孝道，孔子只是简单地回答了两个字："无违。"孟懿子听到后没有往下问。后来，孔子跟樊迟说到这件事，樊迟不懂，就接着往下问这是什么意思。

　　原来，古代的礼仪有一定等级，天子、诸侯、大夫、士、庶人各不相同。当时，鲁国的政权实际掌握在仲孙、叔孙、季孙三家之手。他们是鲁国的大夫，有时用鲁公（诸侯）之礼，有时甚至用天子之礼。这种行为当时叫作"僭（jiàn）"，是孔子最痛心的。孔子后面的这几句回答，兴许是针对这一现象特意说的。

一日一字

| 甲骨文 | 小篆 | 隶书 | 楷书 |

　　甲骨文的"孝"字，是一个非常有趣的会意字，上面是一位长头发的老人，下面是"子"，字形像一个孩子拉着老人在行走。"孝"的本义是孝顺父母。

常用意思 ⎰ 孝顺　　　　举例：尽孝　孝心
　　　　　　居丧的事务　举例：守孝　吊孝
　　　　　　丧服　　　　举例：穿孝　戴孝

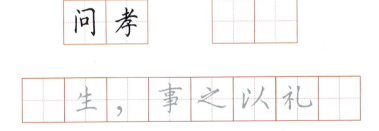

问孝

生，事之以礼

第十六课

父母唯其疾之忧

孟武伯°问孝。子曰："父母唯其°疾之忧°。"（为政）

背诵小贴士：带读5遍，独读10遍，背诵5遍，考背5遍。

注释

孟武伯：孟懿子的儿子，名彘（zhì）。"武"是谥号。

其：第三人称代词，相当于"他的、他们的"。

忧：担忧，担心。

译文

　　孟武伯向孔子请教孝道。孔子说："让父母只需为子女的疾病担忧。"

杨老师讲《论语》

孟武伯也像他的父亲一样，向孔子请教什么是孝道。

孔子回答是"父母唯其疾之忧"，这个"其"所指代的人物有两种说法，可以指父母，也可以指子女。孔子似乎给大家留了一个选择题。

如果"其"指代父母，这句话可以理解成：对待父母，他们若生病了，照顾他们，这样做就算是尽孝了。

如果"其"指代子女，这句话可以理解为：做子女的，要使父母只为自己的疾病担忧，不必为自己其他方面的事担忧。这就算是尽孝了。

两种说法都讲得通，译文采取的是指代子女一说。不管哪一种，照顾好自己，照顾好父母都是表达孝心的方式。

一日一字

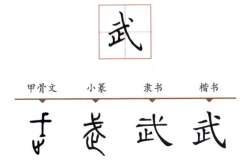

| 甲骨文 | 小篆 | 隶书 | 楷书 |

　　甲骨文的"武"字，上面是一把戈，下面的"止"是一只脚，人持戈前进，表示要动武了。"武"的本义为持戈前进。

常用意思	关于军事的	举例：武器　武装
	关于技击的	举例：武术　武艺
	勇猛，猛烈	举例：英武　威武

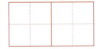

父 母 唯 其 疾 之 忧

不敬，何以别乎

子游°问孝。子曰："今之孝者，是谓能养°。至于°犬马，皆能有养；不敬，何以别°乎？"（为政）

注释

子游：孔子晚年的学生，姓言，名偃（yǎn），
字子游，精通文学。

养：指晚辈赡养长辈。

至于：谈到，讲到。

别：区别，分别。

译文

　　子游问什么是孝。孔子说："现在的所谓孝，
只是说能够养活父母就行了。就是狗和马都能够
得到饲养，如果对父母没有尊敬之心，那么赡养
父母与饲养狗和马又有什么区别呢？"

杨老师讲《论语》

子游是吴国人，比孔子小45岁。他非常崇拜孔子，专程从吴国到鲁国拜孔子为师。

子游在外求学，远离父母，当子游问关于孝道的问题时，孔子便特意提醒他，孝敬父母不仅要让父母吃饱穿暖，还要经常关心父母，要有尊敬之心。子女发自内心的"敬"，才是孝的本质。

孔子去世后，子游非常维护老师的尊严。

鲁国的权臣季康子问子游："郑国的子产去世的时候，百姓在家里默默哭泣。孔子去世的时候，怎么没有见到鲁国的百姓这样伤心难过？"

子游不慌不忙地说："拿子产和孔子相比，好比拿浇地的井水和天上的雨水相比。井水浇到的地方，庄稼就能活；井水浇不到的地方，庄稼就会渴死。而所有的百姓要生存，靠的是天赐的及时雨，但人们却不会因此感谢上天的恩赐。"

知识拓展

子产，姓姬，名侨，字子产，先后辅佐郑简公、郑定公。子产在执政期间，郑国的国力和面貌焕然一新，百姓安居乐业。外交方面，子产审时度势，让郑国不卑不亢。子产一生廉洁，堪称春秋时期执政者的楷模。孔子对子产也给予了很高的评价。

一日一字

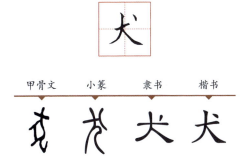

| 甲骨文 | 小篆 | 隶书 | 楷书 |

甲骨文的"犬"字，是一个头朝上、前腿和后腿朝左的形象，线条简洁，造型生动，突出了犬的卷尾特征。"犬"的本义是大狗。"犬"也是重要的偏旁部首，如加"句"成"狗"，加"孟"成"猛"。

常用意思 { 狗　　举例：警犬　猎犬　鸡鸣犬吠

谦辞　　举例：犬子

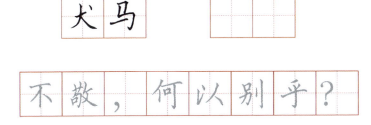

犬马

不敬，何以别乎？

事父母几谏

子曰："事° 父母几°谏°，
见志不从，又敬不违°，劳° 而
不怨。"（里仁）

jī jiàn

....

背诵小贴士：带读10遍，独读10遍，背诵5遍，考背5遍。

注释

事：照顾，侍奉。

几：轻微，婉转。

谏：规劝君主、尊长或朋友，使改正错误。

违：冒犯，违背。

劳：忧愁。

译文

孔子说："侍奉父母，如果父母有不对的地方，要委婉地劝止。看到自己的心意没有被父母所接受，对父母仍然要恭敬，不要冒犯他们，虽然忧愁，但不怨恨。"

杨老师讲《论语》

身为父母，也会做错事，这个时候，作为子女该如何劝说父母呢？孔子告诉我们，劝说也要讲究方法。

孔子的学生闵子骞就做得挺好的，孔子曾这样夸奖他："孝哉闵子骞！"意思是："闵子骞真是孝顺啊！"

闵子骞10岁丧母，他的父亲又娶了一位妻子，后母生了两个弟弟。后母对自己的儿子非常好，对闵子骞很苛刻。冬天，她为自己的孩子做暖和的棉衣，却为闵子骞做了一件芦花衣，这衣服外表看起来蓬松柔软，但一点儿都不保暖，闵子骞经常冻得打哆嗦。

有一次父亲外出，闵子骞驾车，手冻得抓不住缰绳和马鞭。父亲很生气，夺过鞭子向他抽去。鞭子将衣服抽破了，里面的芦花露了出来。父亲大吃一惊，回家质问妻子，想休了她。这时闵子骞跪在地上为后母求情，说："母在一子寒，母去三子单。"父亲这才平息怒气，后母从此改过自新，一家人和睦起来。

可见，孝并不是要求对父母一味地顺从。父母有错，也要劝谏，帮助父母改正。父母万一不听从，态度也要恭敬，不违抗，不怨恨。

一日一字

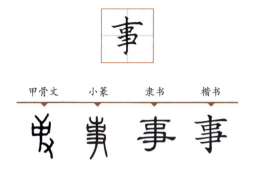

甲骨文　　小篆　　隶书　　楷书

　　甲骨文的"事"字，由一个捕捉禽兽的长柄网和一只手组成，表示手拿着猎叉打猎。"事"的本义是"捕猎"，古代狩猎是大事，能够抓到猎物表示会做"事"，后来引申为不管做什么都可称为"事"。

常用意思
- 事情　举例：事实　事后　事理
- 事故　举例：平安无事　出事
- 从事　举例：无所事事　大事宣扬

事 父 母

劳 而 不 怨

父母在，不远游

子曰："父母在，不远游°，
游必有方°。"（里仁）

背诵小贴士：带读5遍，独读5遍，背诵5遍，考背5遍。

注释

远游：出远门，在远方学习或者工作。

方：方向，去处。

译文

孔子说："父母在世的时候，不要出远门。如果非要出远门不可，必须有明确的去处。"

杨老师讲《论语》

《论语》中有这样一句："士而怀居，不足为士矣。"意思是说，读书人不可以留恋家乡，贪图安逸。再读这里的"父母在，不远游"，是不是觉得自相矛盾？其实不然，因为后面还有一句"游必有方"：如果真的要出去，那就要告诉家人你的去向。

若出现了不能远游的情况怎么办呢？看看西晋大官李密是怎么做的吧。

李密半岁丧父，四岁时母亲改嫁，是祖母一手将他抚养长大的，李密以孝敬祖母而闻名乡里。267年，李密被西晋朝廷征召为官，此时他的祖母已经九十六岁了，李密给晋武帝写了一份奏章：《陈情表》，表达了祖母对自己的恩情以及自己要照顾祖母的心愿。晋武帝看了感动不已，便同意了他的请求。李密直至祖母去世、守孝期满后才出来为官。

"父母在，不远游，游必有方"，其实是对养育者的感恩和回报。孝顺，也是中华民族最重要的美德之一。

一日一字

甲骨文	小篆	隶书	楷书

　　甲骨文的"游"字，由一杆大旗和一个人组成，好似一个人拿着一个旗杆。"游"的本义是旌旗上面的飘带，后引申为水上漂浮。"泳"指在水里潜行。"游泳"合在一起，指一会儿在水面上浮行，一会儿在水里潜行。

常用意思

在水里行动　　举例：游泳　游弋
行走，闲逛　　举例：游览　游玩
不固定的，活动的　举例：游牧　游击

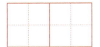

父母在，不远游

君子 ☐☐ ，本立而道生。

生，☐ 之以礼；死，☐ 之以礼，☐ 之以礼。

父母唯其 ☐ 之忧。

至于犬马，皆能有养；☐☐ ，何以别乎？

父母在，不远游，游必 ☐☐ 。

自我管理

每一次约束，只为迎接更好的自己

过而不改，是谓过矣

子曰："过°而不改，是°谓

过矣。"（卫灵公）

背诵小贴士：带读5遍，独读5遍，背诵5遍，考背5遍。

注释

过：动词，指犯错误。

是：代词，表示"此，这"。

译文

孔子说："有错误而不改正，这才真叫错误了。"

杨老师讲《论语》

一个人犯了错不要紧，哪有不犯错的呢？只要能改就好，不改才真叫过错呢。

《左传》记载了宋闵公知错就改的故事，我们一起来了解一下。

公元前683年的秋天，宋国遭受大水灾，鲁庄公派大夫臧文仲去慰问。宋闵公对臧文仲说："都是我不好，我对上天不诚不敬，上天才会降下灾难，结果还劳烦庄公为我担忧，真是感激不尽！"

臧文仲听了感慨地说："宋国必定会兴旺啊！大禹和商汤遇到问题，能够反思自己，他们兴起很快。夏桀和商纣暴虐无道，只会责罚别人，他们灭亡也快。"

面对犯错，孔子主张"过而不改，是谓过矣"，这是孔子对自己，亦是对弟子们的告诫。

一日一字

金文	小篆	隶书	楷书

  金文的"过"字，上半部分是测量土地的癸（guǐ）尺，下面是表示脚步的"止"，意思为一边走一边度量。"过"的本义是度过、经过。"过"的字形，自隶书后慢慢稳定下来。

常用意思
- 经过某个空间或时间 举例：过河 过年
- 用眼看或用脑子回忆 举例：过目
- 超过（某个范围和限度） 举例：过分 过犹不及

过，则勿惮改

子曰："君子不重°，则不威°；学则不固°。主°忠信。无友不如己者。过，则勿惮°改。"（学而）

背诵小贴士：带读10遍，独读10遍，背诵10遍，考背5遍。

注释

重：庄重。

固：巩固，牢固。

主：以……为主。

惮：害怕，畏惧。

译文

孔子说："君子如果不庄重，就没有威严；即使读书，所学的知识也不会牢固。做事情要以忠和信两种道德为主。不要跟不如自己的人交朋友。有了过错，就不要怕改正。"

杨老师讲《论语》

说到"过，则勿惮改"，我来给你们讲一个故事。故事发生在战国时期的赵国，主角是廉颇和蔺相如。

廉颇是战功赫赫的老将军，蔺相如是能说会道的外交家。在外交活动中，蔺相如巧妙地为赵国解了不少围，很受赵王器重。廉颇心里很不是滋味，所以每次遇到蔺相如就不给他好脸色。蔺相如呢，看到廉颇就回避忍让，随从看不过去，说："您这么怕廉颇老将军，让我们也跟着受气。"蔺相如则意味深长地说："我不是怕他，我是不想让敌国知道我们将相不和，乘机欺负我们。"

蔺相如的话传到廉颇这里，让廉颇羞愧不已。于是廉颇背着带刺的荆条，亲自到蔺相如的府上赔礼道歉。这就是著名的"负荆请罪"。

蔺相如以国家利益为重，谦和忍让，感动了廉颇。廉颇知道自己做得不对，及时改正，消除矛盾和误会，这就是"过，则勿惮改"，廉颇这种有了过错就改正的态度值得称道。

一日一字

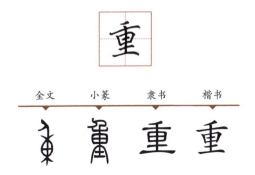

金文	小篆	隶书	楷书

重　重　重　重

金文的"重"字，由"人"和"东"组成，表示轻重的"重"，后引申为严重、厚重、尊重等义，读音为zhòng，当表示"重复""重叠"等义时读chóng。以下是读音为zhòng的常用意思。

常用意思
- 重量，分量　　举例：净重
- 重视　　　　　举例：敬重　尊重　器重
- 不轻率，稳重　举例：慎重　持重

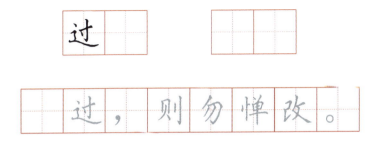

过

过，则勿惮改。

91

欲速则不达

子夏为莒父◦宰◦，问政。子曰："无◦欲速，无见小利。欲速，则不达；见小利，则大事不成。"（子路）

背诵小贴士：带读10遍，独读10遍，背诵5遍，考背5遍。

注释

莒父：鲁国的一个城邑。

宰：古代官名的通称。如《周礼》中有冢宰、大宰、小宰等，春秋卿大夫的家臣和采邑（cài yì）的长官，也都称宰。

无：不。

译文

　　子夏做了莒父的地方官，问怎样治理。孔子说："不要图快，不要贪图小利。图快，反而达不到目的；贪图小利，就办不成大事。"

杨老师讲《论语》

子夏聪明好学，管理才能也出众。这一次，子夏要到莒父担任地方官，在上任之前，子夏向老师请教如何为官。

孔子从两个方面告诫子夏：不要图快，不要贪图小利，这两样同等重要。孔子想要对子夏说的是，主政的人要有远大的理想，如果处处顾及微小的利益，大事也就无法办成了。

子夏后来在莒父改革旧制，大大改善了老百姓的生活。孔子去世后，子夏到魏国西河讲学，有弟子三百多人，成为"西河学派"的一代宗师。

知识拓展

成语"欲速则不达"，源自这则对话。意思是说，事物的发展都有一个循序渐进的过程，做事情如果不从实际出发，一味求快，反而不能达到预期的目的，也可作欲速不达。

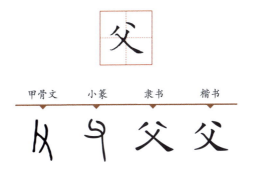

| 甲骨文 | 小篆 | 隶书 | 楷书 |

　　甲骨文的"父"字，像手持着一把石斧，表示从事劳动的男人。男人从事创造性的工作，受到特别的尊重，"父"是古人对从事体力劳动者的尊称。"父"有两个读音，分别为 fǔ 和 fù。以下是读音 fù 的常用意思。

常用意思 ｛ 父亲　　　　　　　　　　举例：父子　老父

　　　　　家族或亲戚中的长辈男子　举例：祖父　伯父　舅父

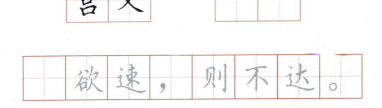

欲 速 ， 则 不 达 。

工欲善其事

子贡问为仁。子曰:"工欲善其事,必先利°其器。居是邦也,事°其大夫^{fū}之贤者,友°其士°之仁者。"(卫灵公)

背诵小贴士:带读10遍,独读10遍,背诵5遍,考背5遍。

注释

利：使锋利。

事：敬奉。

友：结交。

士：《论语》中的"士"，有时指有一定道德修养的人，有时指有一定社会地位的人，这里与"大夫"相对应，应指已做官，但比大夫低一个级别的人。

译文

子贡问怎样培养仁德。孔子说："工匠要把活儿干好，一定先要完善他的工具。我们住在一个国家，就要敬奉那些大官中贤良的人，结交士人中有仁德的人。"

杨老师讲《论语》

这一次，子贡向老师请教的问题是，怎样去培养仁德。

孔子的回答，似乎让人有点儿不理解，工匠做工和一个人的品德修养怎么会联系在一起呢？

原来，工匠在做器物之前，一定要先打磨好自己的工具，这样做起来就会得心应手，收到事半功倍的效果。同理，一个人想要提高自己的道德水平，就要先选择和品德高尚的人交往，与他们做朋友。在他们的影响和熏陶下，自己的品德和修养就会在潜移默化中得到提升。

"工欲善其事，必先利其器"也因此成为千古名句，意思是一个人要想把事情做好，必须先把各项准备工作做好。

金文　　小篆　　隶书　　楷书

金文的"器"字，由四个口和一个犬组成，四个口代表坛坛罐罐，犬表示小狗看管着这些坛坛罐罐。"器"的本义是器具，后来引申出才能的含义，成大器。

常用意思 {

器具　　　举例：瓷器　木器　铁器

度量　　　举例：器量

才能，人才　举例：大器晚成

第二十四课

不怨天，不尤人

子曰："莫°我知也夫！"子贡曰："何为°其莫知子也？"子曰："不怨°天，不尤°人，下学而上达°。知我者其天乎！"（宪问）

yuàn

....

背诵小贴士：带读10遍，独读10遍，背诵10遍，考背5遍。

注释

莫：没有人。

何为：为什么。

尤：责怪。

下学而上达：下学，学习人事，了解社会；上达，总结规律，了解很深的道理。

译文

孔子说："没有人了解我啊！"子贡说："为什么没有人了解您呢？"孔子说："不怨恨天，不责备人，学习一些平常的知识，却了解了很深的道理。了解我的只有天吧！"

杨老师讲《论语》

孔子学识渊博，修养很高，他想要在各诸侯国推行仁政，可惜各国都忙着争抢地盘，成就自己的霸业，都不愿意任用他。透过孔子和子贡的对话看得出，孔子的生活无论多么贫穷、潦倒，他都不会选择抱怨，而是继续学习，另寻机会。

战国著名的纵横家苏秦在成名之前也有一段坎坷的经历。苏秦想去秦国做官，一连给秦惠王上了十次奏章，都没有被采纳。最后，苏秦身上的钱花光了，只好回家。回到家后，父母、兄弟姐妹都瞧不起他，左邻右舍嘲笑他，苏秦没有怨天尤人，决定发奋读书。

苏秦日夜苦读，读书读到深夜，困得想睡觉时，就用锥子扎自己的大腿，清醒之后继续读书。经过这样的苦读，苏秦掌握了丰富的兵法知识，对各国情况了如指掌。学成后，苏秦没有去秦国，而是成功游说六国，联合起来抵抗秦国，拉开了六国抗秦的帷幕。

当我们面对困难与挫折时，怨天尤人无济于事，不如做好自己，全力以赴，从头再来。

一日一字

天

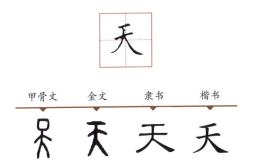

| 甲骨文 | 金文 | 隶书 | 楷书 |

　　甲骨文的"天"字，似一个人头顶着一个方框，突出头部。到了金文，方框演变成一横，表示头顶，下面的"大"字表示站立的人，加起来，表示头部和头顶。古人认为，头顶上面就是天空。

常用意思 {
天空　　　　　举例：顶天立地　苍天
季节，气候　　举例：春天　三伏天
天然的　　　　举例：天性　天资
}

天

不怨天，不尤人。

孟之反不伐

子曰:"孟之反°不伐°,奔而殿°,将入门,策°其马,曰:'非敢后也,马不进也。'"(雍也)

背诵小贴士:带读10遍,独读10遍,背诵5遍,考背5遍。

104

注释

孟之反：鲁国大夫，姓孟，名侧，字之反。

伐：夸耀。

殿：殿后。古代行军，在军队之前称为"启"，在军队之后称为"殿"。这里指孟之反勇于在队伍后面阻挡敌人。

策：用鞭子抽打。

译文

孔子说："孟之反不夸耀自己，在抵御齐国的战役中，右翼的军队被打败了，他走在最后，掩护全军撤退，将进城门时，便鞭打马匹，一面说道：'不是我敢于殿后，是马不肯快跑。'"

杨老师讲《论语》

公元前484年，齐国发兵攻打鲁国，大部队快要到达曲阜（fù）城郊了，鲁国的国卿季康子希望动员"三家"的力量，共同抗击入侵的齐军。

"三家"权力最大的季康子希望孟孙氏和叔孙氏两家共同出兵，但这两家都不愿意出兵。季氏的家臣、孔子的学生冉有便用激将法游说他们："现在齐国攻打鲁国，不抵抗就不是鲁国人。"叔孙氏一气之下，立马回家检阅部队出兵。

冉有带领的左军迅速获得了进攻优势，而孟孙氏和叔孙氏组成的右军是在冉有的刺激之下组成的，出兵磨磨蹭蹭。

孟之反是孟孙氏的大将，虽然随右军一路撤退，但他始终走在大军最后面，主动担任殿后警戒任务，别人都进城了，他又策马返回战场，继续与齐军英勇奋战。战争结束后，他不愿意夸耀自己，而是谦逊地向人解释，是因为自己的马不肯快走。

一日一字

| 甲骨文 | 小篆 | 隶书 | 楷书 |

　　甲骨文的"反"字，左边是"厂"，表示悬崖；右边是
"又"，表示手，合起来是用手攀援山崖的意思。"反"的本义是
翻转，带"反"的汉字中，大部分都有"翻转"的含义。

常用意思 ⎰ 转换，翻过来　举例：易如反掌　反败为胜
　　　　　⎱ 回，还　　　　举例：反光　反攻　反问
　　　　　　类推　　　　　举例：举一反三

之反

马不进也

背默小天才

过而不改，是谓 □ 矣。

过，则勿惮 □ 。

欲 □ ，则不达。

工欲善其事，必先利 □ □ 。

不 □ 天，不尤人。

非敢后也，□ 不进也。

言行

方寸之间，完成无声的蜕变

譬如为山，未成一篑

子曰："譬如^{pì}为山，未成一篑^{kuì}，止，吾止也。譬如平地，虽覆^{fù}一篑，进，吾往也。"（子罕）

背诵小贴士：带读10遍，独读10遍，背诵5遍，考背5遍。

注释

譬如：比如。

篑：装土的筐子。

止：停止。

覆：倾倒。

进：前进。

译文

孔子说："好比堆土成山，只要再加一筐土便成山了，如果不愿做下去，这是我自己停止的。又好比在平地上堆土成山，纵使刚倒下一筐土，如果决心努力前进，那是我自己要坚持往前的。"

杨老师讲《论语》

孔子用堆土成山这一比喻来鼓励自己和学生们，无论做学问，还是践行仁德，都应该坚持不懈，自觉自愿。

《尚书》记载了这样一个故事。

有一个人要筑一座九仞高的山。在古代，九仞意味着极高。他堆了一年又一年，废寝忘食地从远处挖土、挑土，再堆到山包上，眼看就要完工了。

这一天也如往常，鸡刚叫他就起床开工了，一筐又一筐，只差最后一筐土，山就要筑成了。这时他摸了摸肚子，咕咕叫，天又下起雪来，他想着只差一筐土了，不如先回家去，明天再来。

此后，他总认为只差一筐土了便偷懒不来。直到最后，这一筐土他一直没堆上，这座九仞高的山终究没有堆成。

"止，吾止也。""进，吾往也。"可见"吾"的决定，至关重要。

甲骨文	小篆	隶书	楷书

甲骨文的"止"字，像一个人的脚趾，"止"的本义是足，后引申为脚趾。脚趾在身体的最下面，又可引申为地基。由"止"所组成的汉字，大都与脚有关，如"步""趾"等。

常用意思 { 停止　　举例：止步　学无止境

拦阻，使停止　举例：禁止　制止　止痛

吾止

进，吾往也。

人而无信，不知其可

子曰："人而无信°，不知其可°也。大车无輗°，小车无軏°，其何以行之哉°？"（为政）

背诵小贴士：带读10遍，独读10遍，背诵5遍，考背5遍。

注释

信：信用，诚信。

可：可以。

輗、軏：古代大车指的是牛车，小车指的是马车。这两种车车辕前面都有一道驾牲口的横木，横木两端和车辕上都凿有小孔，用包有铁皮的木销钉插入圆孔，把横木和车辕连接。这两种车的销钉分别叫作輗和軏。车子没有它们，就没法套住牲口，那怎么能走呢？

译文

孔子说："作为一个人，不讲信用，不知那怎么可以。好比大车没有安横木的輗、小车没有安横木的軏一样，如何能走呢？"

杨老师讲《论语》

孔子认为，诚信是一个人的立身之本。孔子主张的信有两层含义：一是说话真实有效，二是说了的话能够兑现。

孔子周游列国停留在齐国的时候，齐景公曾经邀请孔子帮忙管理齐国，给他一个相当于"国卿"的位子，后来这件事情被齐国大臣晏婴阻拦了。晏婴说："孔子提出的礼治，您受得了吗？没有任何功劳就给他国卿的位子，其他的人同意吗？"

就这样，齐景公想重用孔子的念头被打消了。当孔子问这件事的时候，齐景公就以"自己老了、不中用了"为借口，婉转地拒绝了孔子。

对于不讲信用的人，孔子拿辀和轨打比喻，缺少了这个关键零件，无论牛车还是马车，都无法前进。人若缺了诚信，在人生路上也会寸步难行。

一日一字

| 金文 | 小篆 | 隶书 | 楷书 |

　　金文的"信"字，是一个"人"加"口"，表示开口许诺。战国时期，"信"字大量用于人名、封君名。"信"的本义是诚实，后来引申为相信、信任、证实等。

常用意思
- 信用　　举例：守信　失信　言而有信
- 相信　　举例：信任　信仰
- 随意，放任　举例：闲庭信步　信口开河

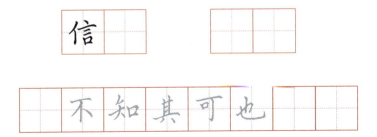

不知其可也

成人之美

子曰："君子成◦人之美◦,
不成人之恶◦。小人反是。"(颜渊)

背诵小贴士：带读5遍，独读10遍，背诵5遍，考背5遍。

注释

成 : 成全，帮助促成。

美 : 好事。

恶 : 坏事。

译文

孔子说 :"君子成全别人的好事，不促成别人的坏事。小人则正相反。"

杨老师讲《论语》

这段话是孔子在告诫自己的弟子。"君子成人之美"也是中华民族的传统美德之一。

郑玄是东汉著名的经学家,博古通今,他一心想为《春秋左氏传》作注,但一直没有完成。有一次郑玄外出,听到服子慎在和别人谈论注释《春秋左氏传》的事情,发现服子慎的观点和自己的想法很接近,郑玄当即决定,把自己已经完成的注解部分毫无保留地送给服子慎。后来,服子慎顺利完成了为《春秋左氏传》作注这一浩繁的工程,也因此扬名四海。

郑玄和服子慎都是有名的经学家,两人之前并不认识,郑玄这种成人之美、毫无私心的举动,就是孔子心目中的君子所为。

| 甲骨文 | 小篆 | 隶书 | 楷书 |

甲骨文的"美"字，下面是一个人，人的头上戴着羽毛之类的装饰物，很美丽。到小篆时，上面的羽毛演变为羊，下面的人变为"大"，这个字形一直沿用到现在。"美"的本义是美丽。

常用意思
美丽，好看　　　　举例：美貌　美景
令人满意的，好　　举例：物美价廉　美酒
美好的事物，好事　举例：美不胜收　成人之美

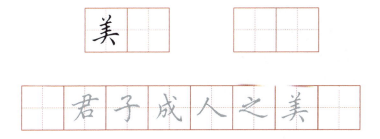

力不足者，中道而废

冉求°曰："非不说°子之道，力不足也。"子曰："力不足者，中道而废。今女°画°。"（雍也）

背诵小贴士：带读10遍，独读10遍，背诵5遍，考背5遍。

注释

冉求：孔子弟子，姓冉，名求，字子有，亦称冉有。

说：同"悦"，喜欢。

女：同"汝"，你。

画：停止。

译文

冉有说："不是我不喜欢您的学说，是我力量不够。"孔子说："如果真是力量不够，你会走到半道而走不动了。现在你却没有开步走。"

杨老师讲《论语》

冉有在政事方面很有才华，学习却不太刻苦。针对冉有的这句话，孔子对他进行了一番敲打。

孔子带着弟子们周游列国期间，鲁国执政官季康子召回冉有，让他做季氏宰。公元前484年，鲁国和齐国发生了战争。冉有率领军队，和自己的师弟樊迟并肩作战，出奇制胜，大败齐军。

季康子大喜过望，问冉有的军事才能是学来的还是天生的，冉有回答说是自己的老师孔子教的，并趁机说服季康子迎回孔子。季康子派出庞大的代表团，带着厚礼，恭恭敬敬地把孔子从卫国迎了回来，结束了孔子周游列国十四年的漂泊生活。

知识拓展

后人从孔子的这句话引申出成语"中道而废"，也可写作半途而废。当时"中道而废"含有褒义的成分，意思是要先进行尝试，遇到困难后再退缩。现在则只含有贬义，用来告诫人们，事情没做完就终止，永远也不会取得成功。

一日一字

金文	小篆	隶书	楷书

　　金文的"道"字，两边是十字路口的"行"，表示道路。中间为"首"，意为"领头"。"道"的本义是引导。

常用意思 {
道路 　　　　　举例：铁道　大道　人行道
方向，方法，道理　举例：志同道合　头头是道
说　　　　　　　　举例：能说会道　一语道破

中道

力 不 足 者 中 道 而 废

125

朽木不可雕也

宰予°昼寝°。子曰："朽木不可雕也，粪土之墙不可圬°也；于予与何诛°？"子曰："始吾于人也，听其言而信其行；今吾于人也，听其言而观其行。于予与改是。"（公冶长）

背诵小贴士：带读10遍，独读20遍，背诵5遍，考背5遍。

注释

宰予：孔子的学生，字子我，也叫宰我，善言辞。

昼寝：白天睡觉。

圬：把墙壁抹平。

诛：责备。

译文

宰予在白天睡觉。孔子说："腐烂了的木头雕刻不成任何东西，粪土似的墙壁不能在上面粉刷。对于宰予，我责备他什么呢？"孔子说："以前，我对待别人，听到他的话，便相信他的行为。现在，我对待别人，听到他的话，还要再观察他的行为。我是从宰予的事件上改变了态度。"

杨老师讲《论语》

宰予和冉有、颜回同级，宰予善于言辞，说起话来妙语连珠，孔子一直很喜欢他，认为宰予以后肯定会有出息。但这一次，一向以温和宽厚著称的孔子，却对宰予大发雷霆，而且骂得还很难听：朽木不可雕也，粪土之墙不可圬也。

为什么呢？表面看是因为昼寝，即宰予大白天睡觉，其实更多还是因为宰予撒谎或者吹牛。

宰予是个善于表达的学生，一定曾在老师面前说过自己是多么勤奋地学习，孔子"听其言而信其行"，认为宰予是个好学上进的学生。结果呢，孔子发现宰予大白天睡觉不去上课，自然失望又愤怒。

由此可以看出，孔子善于承认和总结自己的错误，从宰予的事件上明白了，正确评判一个人，不仅要"听其言"，还要"观其行"。

一日一字

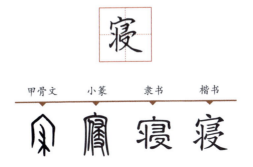

甲骨文	小篆	隶书	楷书

　　甲骨文的"寝"字，是房屋里有一把扫帚，表示把屋子打扫干净，让人好好休息。"寝"的本义是躺着休息或睡觉，既可以指睡着，也可以指没有睡着。

常用意思 {
睡觉　　举例：废寝忘食
卧室　　举例：就寝　入寝
停止　　举例：寝废　寝兵
}

昼寝

听其言而观其行

民无信不立

子贡问政。子曰："足◦食，足兵◦，民信之矣。"

子贡曰："必不得已而去◦，于斯◦三者何先？"曰："去兵。"

子贡曰："必不得已而去，于斯二者何先？"曰："去食。自古皆有死，民无信不立。"（颜渊）

背诵小贴士：带读10遍，独读20遍，背诵10遍，考背5遍。

注释

足：充足。

兵：兵器，指军备。

去：去掉。

斯：这。

译文

子贡问怎样治理政事。孔子说："充足粮食，充足军备，百姓对政府就有信心了。"

子贡问："如果不得已，在粮食、军备和百姓的信任三者之中一定要去掉一项，先去掉哪一项呢？"孔子说："去掉军备。"

子贡问："如果迫不得已，在粮食和百姓的信任两者之中一定要去掉一项，先去掉哪一项呢？"孔子说："去掉粮食。自古以来谁都免不了死亡，如果没有百姓的信任，国家就站立不住了。"

杨老师讲《论语》

"子贡问政"，问的是怎样治理政事。孔子的回答，鲜明地亮出了自己的观点：无论是强大的军事储备，还是富有的经济基础，都比不上国家中人民的信任。

公元前681年，齐国趁宋国内乱，邀请宋国及周边国家鲁国、陈国、蔡国等国在齐国的北杏会盟，商讨安定宋国的办法。会盟中，鲁国壮士曹沫以短剑挟持齐桓公，逼着齐桓公签订了归还齐国曾占领的鲁国国土的协定。

事后，齐桓公和齐国的很多大臣都想毁掉这个协定，并打算出兵报复鲁国。齐国宰相管仲不同意，他说："毁约和出兵的做法是失信于各诸侯国，失信于天下。但如果履行协定，一定会让全天下信服的。"

齐桓公听取了管仲的意见，立即履行了协定。各诸侯国知道后，都愿意归附齐国。齐桓公后来成就了春秋时期"九合诸侯""一匡天下"的伟业，与他信守承诺，取得各诸侯国和民众的信任是分不开的。

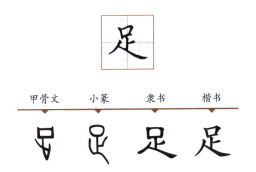

甲骨文　　小篆　　隶书　　楷书

甲骨文的"足"字，像一个连腿带脚的形象，上面的方形表示膝盖，下面是一只右脚，一撇表示大脚趾。"足"的本义指人的下肢。因不需要借助其他部位，足部能支撑身体的重量，又引申为充足、足够。

常用意思
{
脚，腿　　　举例：手舞足蹈　画蛇添足
充足，足够　举例：富足　十足　丰衣足食
足以，值得　举例：微不足道　不足挂齿
}

足食

民无信不立

背默小天才

人而 ☐☐ ，不知其可也。

君子成人之 ☐ ，不成人之 ☐ 。

力不 ☐ 者，中道而废。今女 ☐ 。

朽木不可 ☐ 也，粪土之墙不可 ☐ 也。

自古皆有死，民无信 ☐☐ 。

自省

用自省的心，照亮前方的路

吾日三省吾身

曾子曰："吾日三省°吾身：
^{xǐng}

为人谋而不忠°乎？与朋友交而不

信°乎？传°不习乎？"（学而）
^{chuán}

背诵小贴士：带读10遍，独读10遍，背诵5遍，考背5遍。

注释

三省：多次地反省。三，多次。省，察看、检查。

忠：对人尽心竭力。

信：诚实。

传：动词作名词用，老师传授的知识。

译文

　　曾子说："我每天多次反省自己：替别人办事是不是尽心竭力了呢？和朋友交往是不是诚实守信呢？老师传授的知识是不是复习了呢？"

杨老师讲《论语》

曾子是孔子的得意门生之一，曾子的父亲曾皙（xī）也是孔子的学生。曾子在孔子晚年的时候拜孔子为师，16岁跟随孔子学习。曾子27岁时，73岁的孔子去世，临终前，孔子把自己的孙子、4岁的子思，托付给曾子，让他跟随曾子学习。

曾子一生勤奋好学，为人孝顺，时刻反省自己。应该从哪些方面反省呢？曾子列出了三个方面的内容。一是"忠"，"为人谋而不忠乎？"二是"信"，"与朋友交而不信乎？"三是"习"，"传不习乎？"

曾子的这句话，对后世影响很大。它告诫人们，要多次反省自己做过的事情，从中看出自身的长短，不断总结，然后进步。

知识拓展

文言文中，"三、九、百、千"这类数字和有动作性的动词连用时，这个数字一般表示动作的频率，即次数多。如"吾日三省吾身""三思而后行"中的"三"，表示多次的意思。"九"也是如此，如"九死一生""九牛一毛"等。

一日一字

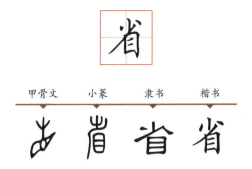

|甲骨文|小篆|隶书|楷书|

甲骨文的"省"字，上面是一株禾苗，下面是一只大大的眼睛，合起来就是一只大眼睛在观察禾苗生长。"省"的本义是省视，后引申为除去、减少、探望等。

常用意思
{
检查自己的思想行为　　举例：反省　内省
探望，问候（多指长辈）　举例：省亲　省视
醒悟，明白　　　　　　举例：省悟　不省人事
}

三省

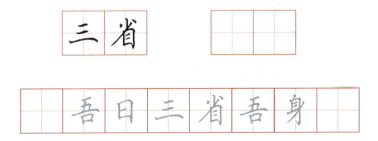

吾日三省吾身

见贤思齐

子曰："见贤°思齐°焉，见不贤而内自省也。"（里仁）

背诵小贴士：带读5遍，独读10遍，背诵5遍，考背5遍。

注释

贤：德才兼备的人。

齐：向……看齐。

译文

孔子说："见到有才德的人，就要想着向他看齐；见到不贤的人，就要反省自己有没有类似的毛病。"

杨老师讲《论语》

这是孔子对他的弟子们说的话，可以看出，孔子非常希望自己的学生能够以人为鉴、虚心向学，成为有道德、有涵养、有学问的君子。

孔子不仅言传，更善于身教。孔子博学多识，但他仍然不断地努力向贤者学习、看齐。洛邑（Luò yì）是周王朝的统治中心，那里有很多书籍，当时任国家守藏室史官的是德高望重、博学多才的老子。孔子听说了老子的贤名后，不远千里去向老子求教，老子十分高兴，亲自去迎接孔子。

孔子在洛邑饱览周王朝典籍的同时，也虚心向老子请教，学到了很多东西。后来，孔子和弟子们谈到这次见面时，将老子比喻成天上的龙，老子的学问则像天上的龙一样玄妙、高深。

不仅如此，孔子也曾冒着大雨，专程去向郯（tán）子请教；到达临城，向师襄子学琴。孔子这种"见贤思齐"的举动，赢得了弟子们的尊重，他们也跟着"见贤思齐"，心甘情愿地跟随孔子学习。

一日一字

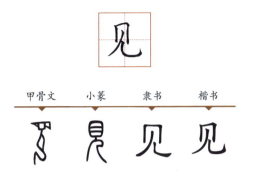

| 甲骨文 | 小篆 | 隶书 | 楷书 |

    甲骨文的"见"字，下面是一个半跪坐的人，头上顶着一只大眼睛。"见"的本义是看见、看到，由此可引申出看法、见解、被等。

常用意思 ⎨
看到，看见　　　举例：眼见为实　视而不见
看得出，显现出　举例：见效　日久见人心
对事物的看法，意见　举例：见解　固执己见

内省不疚

司马牛问君子。子曰："君子不忧°不惧°。"

曰："不忧不惧，斯°谓之君子已乎？"子曰："内省不疚°，夫何忧何惧？"（颜渊）

背诵小贴士：带读10遍，独读10遍，背诵10遍，考背5遍。

注释

忧：忧愁。

惧：恐惧。

斯：指示代词，"这"。

疚：内疚，愧疚。

译文

　　司马牛问怎样做一个君子。孔子说："君子不忧愁，不恐惧。"

　　司马牛问："不忧愁，不恐惧，这样就可以叫作君子了吗？"孔子说："自己问心无愧，那还有什么可以忧愁和恐惧的呢？"

杨老师讲《论语》

司马牛向孔子请教怎样做君子，孔子知道司马牛是个内心常忧虑不安的人，所以特意强调君子有两个特点："不忧"和"不惧"。

司马牛觉得奇怪，便再问："这样就可以了吗？"孔子继续开导他："君子经常反省自己，内心光明磊落、毫无愧疚，那就没什么可担心的。"

孔子教导弟子，自己也是这样身体力行的。

晋国大夫范氏的家臣佛肸（xī）在中牟（mù）县发动叛乱，召请孔子。孔子欣然前往，子路大惑不解，质问老师为何要参与犯上作乱之事，有违君子之道。孔子回答子路时把自己比喻成匏（páo）瓜，意思是自己不能像匏瓜那样高高挂着不被人所用。孔子希望借佛肸召请这个机会，跟佛肸讲一讲"仁义礼智信"，在晋国推行自己的政治主张。孔子坚信自己是个君子，自己常反省，问心无愧，就不会和佛肸同流合污，所以没什么可担心的。

一日一字

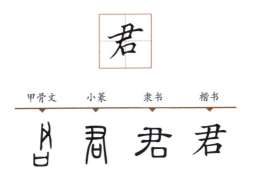

| 甲骨文 | 小篆 | 隶书 | 楷书 |

　　甲骨文的"君"字，上部是一只手持着一根表示权力的杖，下部是"口"，有如一个有权力的人正在用口发布命令。君在古代，有两种含义，一是地位比较高的人，二是道德高尚的人。

常用意思 { 君主　　　举例：国君　明君　君臣

对人的尊称　举例：张君　韩君　诸君

君子

君子不忧不惧

147

患其不能也

子曰：“不患◦人之不己知◦，患其不能◦也。”（宪问）

背诵小贴士：带读5遍，独读10遍，背诵5遍，考背5遍。

注释

患：担心，忧虑。

不己知："不"为否定副词；"己"是代词，作宾语，代指自己；"知"是动词，作谓语。这类文言句式将宾语放置在谓语之前，即宾语前置，正常语序是"不知己"，意思是不了解我。

能：能力。

译文

孔子说："不担心别人不了解我，只担心自己没有能力。"

杨老师讲《论语》

孔子和弟子们经常围绕"自省"这个话题进行讨论，孔子这句话，既是告诫自己，也是告诫学生们，做人做事都要立足于要求自己，不要埋怨别人不了解自己。

汉朝的军事天才韩信出身贫贱，从小就失去了父母。有一天，一个少年在闹市拦住韩信，故意对他挑衅说："你要是有胆识，就拔剑刺我；你要是个懦夫，就从我的裤裆下钻过去。"围观的人都想看韩信怎么做。韩信想了一会儿，从那人的裤裆下钻过去了，在场的人都嘲笑韩信胆小怕死。

后来，韩信投奔汉王刘邦，帮助刘邦夺取了天下，被封为楚王。韩信回到家乡，找到当年羞辱他的那个人，对他说："当年从你胯下爬过时，我就下定决心一定要有所作为。"韩信说完并没有为难那个人，反而让他在自己的军中做了个小官。

一日一字

能

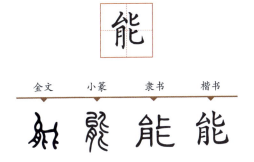

| 金文 | 小篆 | 隶书 | 楷书 |

金文的"能"字，外形像熊一类的野兽，四肢着地，左边是头和前肢，右边为尾巴和后爪。到了小篆，就难辨认出兽的形状了。"能"的本义指兽，后来引申为技能、能力等。

常用意思
- 能力，才干　　举例：技能　能耐
- 有能力　　　　举例：能人　能手
- 能量　　　　　举例：光能　动能

不能

不 患 人 之 不 己 知

君子求诸己

子曰："君子求◦诸◦己，小
人求诸人◦。"（卫灵公）

^{zhū}

注释

求：要求。

诸："之于"的合音词。

人：别人。

译文

　　孔子说："君子要求自己，小人要求别人。"

杨老师讲《论语》

孔子认为，遇上问题，君子和小人的做法截然相反，君子更多的是从自己身上找原因。

韩延寿是西汉官员，他为官清廉，政绩卓著，治理地方时，以感化为主，深得民众的拥戴。有一次，他出去巡行，经过高陵县，遇到兄弟二人为争田产状告对方。他非常难过地说："我有幸在这个职位，却没能给老百姓作出表率，百姓没有蒙受教化的熏陶，以致兄弟失和，这都是我无德无能造成的。"随后，韩延寿闭门思过。

此事感动了高陵县的地方官员，也感动了兄弟俩。两兄弟认识到自己的错误，剃光了头，裸着上身到县衙请罪，都表示愿意将田产让给对方。

这就是"君子求诸己"，君子多多要求自己，通过反省自己，还能影响身边的人，一起"求诸己"。

一日一字

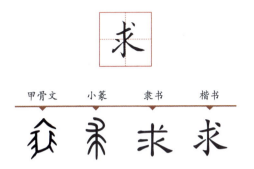

甲骨文	小篆	隶书	楷书

　　"求"是"裘"的本字。甲骨文的"求"字，像一件皮衣的样子，毛茸茸的，看得出是用带毛的兽皮做成的。隶书之后，"求"和"裘"才有分工。"裘"专门表示皮衣，"求"则表示寻求、请求等义。

常用意思	请求	举例：求教　求和　求婚
	要求	举例：精益求精　力求改进
	追求，探求	举例：实事求是　刻舟求剑

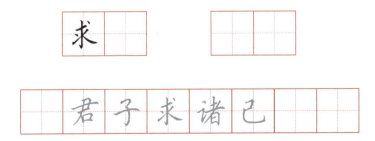

君子求诸己

155

背默小天才

吾日 ☐☐ 吾身。

见贤 ☐☐ 焉，见不贤而内自省也。

司马牛问君子。子曰："君子不 ☐

不 ☐ 。"

不患人之不己知，患其 ☐☐ 也。

君子求 ☐☐ ，小人求诸人。

处世

黑白分明，为人处世才够酷

己所不欲，勿施于人

子贡问曰："有一言而可以终身行(xíng)之者乎？"子曰："其°恕(shù)乎！己所不欲°，勿施°于人。"(卫灵公)

背诵小贴士：带读10遍，独读10遍，背诵5遍，考背5遍。

注释

其：语气词，大概。

欲：想要。

施：施加。

译文

　　子贡问道："有没有一个字是可以终身奉行的呢？"孔子说："大概是'恕'吧！自己不想要做的事，不要强加给别人。"

杨老师讲《论语》

孔子主张仁德，如何做到呢？用两个字概括，就是"忠"和"恕"。

忠，是"己欲立而立人，己欲达而达人"，自己做好的同时也成就别人；恕，是"己所不欲，勿施于人"，学会站在别人的角度思考问题，对自己严格，对别人宽容。"忠"未必每个人都能做到，但"恕"不一样，都是可以做到的。所以，孔子针对子贡的问题，只回答了"恕"。

北宋翰林学士陈咨尧家里有一匹很难驯服的马，这匹马性情暴烈，谁也没办法靠近它，陈咨尧便让家人卖掉了这匹马。陈咨尧的父亲知道后，对陈咨尧说："你这样做是不对的，你把这匹马卖给别人，别人就能驯服它了吗？"陈咨尧知道自己做错了，赶快派人把马牵回来，这匹马再也没有被卖过。这就是"己所不欲，勿施于人"。

一日一字

甲骨文　　小篆　　隶书　　楷书

　　甲骨文的"行"字，表示十字路口，本义是供人走的路。"行"常用的读音有两个：读作 háng 时，指道路、行列等；读作 xíng 时，指行走、从事等。下面是读作 xíng 的常用意思。

常用意思 {
走　　　　　　举例：人行道　日行千里
做，办，实施　举例：行善　行之有效
行为　　　　　举例：品行　言行　罪行
}

己欲立而立人

子贡曰："如有博施^{bó shī}于民而能济^{jì}众，何如？可谓仁乎？"子曰："何事于仁！必也圣乎！尧舜^{yáo shùn}°其犹病°诸！夫°^{fú}仁者，己欲立而立人，己欲达而达人。能近取譬^{pì}°，可谓仁之方也已。"

（雍也）

背诵小贴士：带读10遍，独读20遍，背诵10遍，考背5遍。

注释

尧舜：传说中上古时代的两位帝王，是孔子心目中的榜样，也是孔子推崇的圣人。

病：忧虑，犯难，这里用作动词，感到为难。

夫：语气词，用在句首。

譬：比喻。

译文

子贡说："如果有人能对百姓广施恩惠，又能帮助大家生活得很好，这个人怎么样呢？能说是做到仁了吗？"孔子说："这哪里只是做到仁！一定是圣人了！尧舜尚且为做不到这样而感到为难呢！仁是什么呢？就是自己要站得住，同时也帮助别人站得住；自己想要通达，也要帮助别人通达。能够从身边的实际事情一步步去做，这就是实践仁德的方法了。"

杨老师讲《论语》

这一段讲的是忠。"己欲立而立人,己欲达而达人"就是忠,核心是将心比心,推己及人。心中不只想着自己,还要时刻想到他人,把他人看作与自己一样的人,这是尊重人、帮助人的表现,也是爱人的表现。

有一年冬天,天气很冷,齐景公披着白狐皮斗篷,坐在殿堂上赏雪。齐国名臣晏婴被邀请一起赏雪。齐景公说:"真奇怪,大雪下了三天三夜,居然一点儿都不冷?"晏婴说:"天气真的不冷吗?"齐景公感觉说错了话,不好意思地笑了笑。

晏婴接着说:"我听说贤明的君主,在自己吃饱的时候惦记着别人是否在挨饿,在自己安逸的时候还想着有劳苦的百姓!"齐景公连忙说:"好,今天我受教了。"于是拿出衣服和粮食,发给饱受饥寒的百姓。

这是齐景公和晏婴互相成就的故事,也是孔子主张的"忠","己欲立而立人,己欲达而达人"就是忠。

一日一字

立

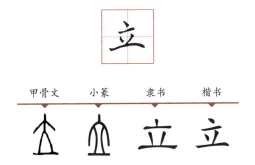

甲骨文　小篆　隶书　楷书

　　甲骨文的"立"字，像一个人站在地上不动，既表示站立的姿势，也表示站立的地方。到了小篆时，站着的"人"演变成"介"，隶书时已彻底失去人的形象。"立"的本义是站着不动，后引申为树立、建立等。

常用意思 {
站　　　　　　　举例：立正　坐立不安
建立，树立　　　举例：立功　立志
存在，生存　　　举例：自立　独立
}

立 人

己 欲 达 而 达 人

求仁而得仁

冉有曰：“夫子为^{wèi}°卫君°乎？”

子贡曰：“诺；吾将问之。”

入，曰：“伯夷、叔齐°何人也？”

曰：“古之贤人也。”曰：“怨乎？”

曰：“求仁°而得仁，又何怨？”

出，曰：“夫子不为也。”（述而）

背诵小贴士：带读10遍，独读20遍，背诵10遍，考背5遍。

注释

为：帮助，赞成。

卫君：指卫出公蒯（kuǎi）辄（zhé）。蒯辄是卫灵公之孙，太子蒯聩（kuì）之子。

伯夷、叔齐：商代孤竹国国君的两个儿子。孤竹国君临死前传位给小儿子叔齐，叔齐在父亲死后要将君位让给大哥伯夷，伯夷不接受，二人一起逃到周地隐居。

仁：仁德。

译文

冉有说："老师赞成卫君吗？"子贡说："好吧；我去问问他。"

子贡走进孔子屋里，说："伯夷、叔齐是什么样的人？"孔子说："是古代的贤人。"子贡说："（他们两人互相推让，都不肯做孤竹国的国君，都逃到外地，）是不是后来又怨恨呢？"孔子说："他们追求仁德，便得到了仁德，又怨恨什么呢？"

子贡出来后，对冉有说："老师不赞成卫君。"

杨老师讲《论语》

卫灵公在位时，太子蒯聩得罪了卫灵公的夫人南子，逃到晋国去了。卫灵公死后，立孙子蒯辄为国君。晋国的赵简子听说后，将太子蒯聩送回卫国，想让他做国君，目的是吞并卫国。卫国抵御晋兵，拒绝蒯聩回国。

一次，弟子们讨论卫国谁来做国君的问题，想知道老师的意见。子贡不好正面问孔子这个问题，便侧面通过向孔子询问对伯夷、叔齐的看法，来试探孔子对卫出公的态度。蒯聩和蒯辄是父子，两父子争夺卫君的位子，和伯夷、叔齐两兄弟互相推让、都抛弃君位相比，成了一个对照。

孔子赞美伯夷、叔齐的做法，自然就是不赞成卫出公了。孔子对当时卫国蒯聩、蒯辄父子二人争当国君的行为很不满意，因而一定不会帮助任何一方。

一日一字

| 甲骨文 | 小篆 | 隶书 | 楷书 |

甲骨文的"为"字，是一只手牵着一头象，表示牵象去干活。到了篆书的时候，"手牵着象"中的"手"的形象变成了"爪"，字形也发生了变化。最后一步步简化为"为"，读音为wèi和wéi。以下是读音wèi的常用意思。

常用意思 { 帮助，卫护   举例：为民请命
表示原因、目的   举例：因为   为了
表示行为的对象，替   举例：为人民服务 }

不为

求仁而得仁

死而无悔者，吾不与也

子谓颜渊曰："用之则行，舍之则
藏，惟我与尔有是夫！"

子路曰："子行◦三军，则谁与◦？"

子曰："暴虎冯河◦，死而无悔者，
吾不与也。必也临事而惧，好谋而成
者也。"（述而）

背诵小贴士：带读10遍，独读20遍，背诵10遍，考背5遍。

注释

行：指挥，率领。

与：在一起，共事。

暴虎冯河：赤手空拳和老虎搏斗，不用船只而徒步渡河，指做事冒险蛮干，有勇无谋。

译文

孔子对颜渊说："用我，我就去干；不用我，我就隐藏起来。只有我和你才能这样吧！"

子路说："您如果率领军队，和谁一起共事呢？"

孔子说："赤手空拳和老虎搏斗，不用船只而徒步渡河，这样死了都不后悔的人，我是不会和他共事的。我要共事的，一定是面对任务便恐惧谨慎，善于谋划而能完成的人。"

杨老师讲《论语》

颜渊是孔子最喜欢的学生，孔子在不同场合夸过颜回。子路呢，好勇，性格耿直，看见孔子这一次又夸奖颜渊，便忍不住问老师"子行三军，则谁与"这个问题。显然，孔子不喜欢暴虎冯河这类冒险蛮干、有勇无谋的人，而是青睐（lài）遇事谨慎、有谋略的人。

战国时期，秦国的势力最为强大。一次，秦国大军朝燕国攻来，燕国的太子丹决定请剑客荆轲去刺杀秦王。太子丹的计划是，让荆轲提着秦王高价悬赏的樊（fán）於（wū）期（jī）的头，拿上燕国最为肥美的土地的地图给秦王看，荆轲把匕首藏在地图里，希望能趁秦王看地图时，将秦王刺杀。

在易水河边，人们为荆轲送行，为他唱起："风萧萧兮易水寒，壮士一去兮不复还。"最后，荆轲刺杀秦王失败，自己也被秦王杀害了。荆轲刺杀秦王，不是暴虎冯河，却是死而无悔，这种舍弃自己为了天下的精神值得敬佩。

金文	小篆	隶书	楷书

　　"暴"是"曝"的本字，始见于春秋战国时期。小篆的字形，是一双手拿着农具在阳光下晒米。"暴"的本义为晒，后引申出暴露、仓促、猛烈、暴乱等意思。

常用意思 {
显露，露出来　　举例：暴露
突然而且猛烈　　举例：暴雨　暴饮暴食
糟蹋　　　　　　举例：自暴自弃
}

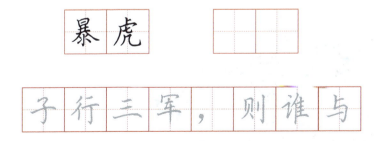

暴虎 | | |

子 | 行 | 三 | 军 | ， | 则 | 谁 | 与

近者说，远者来

叶公◦问政。子曰："近
者说◦（yuè），远者来◦。"（子路）

背诵小贴士：带读5遍，独读10遍，背诵5遍，考背5遍。

注释

叶公：楚国人，沈氏，名诸梁。因被楚昭王封到古叶邑（yì）为尹，故称叶公。

说：同"悦"，愉快。

来：投奔，归附。

译文

叶公问怎样管理政事。孔子说："使近处的人感到高兴，使远处的人来投奔。"

杨老师讲《论语》

孔子63岁的时候，带领弟子到了负函这个地方，负函虽然属于蔡国，但因蔡国是一个小国，实际上由楚国统治着。当时管理负函的是楚国的叶公，叶公便向孔子请教，如何把一个地方治理好。

孔子给出了自己的意见：你实施的政令，一定要让那些在你统治下的老百姓感到快乐，要让那些不在你统治下的老百姓前来投奔依靠你。这就是"近者说，远者来"。

历史上的周朝初期，就做到了这一点。当时，商朝的纣王是个暴君，百姓们过得苦不堪言，怨声载道。商朝西部这时有个部落慢慢地强大起来，到了周文王时，他为了使自己的部落更加兴盛、壮大，不准贵族打猎、糟蹋庄稼，鼓励百姓多种粮食，多养牲畜，百姓们生活得富足安乐。其他部落的人看到周部落的首领这样贤明，都来投奔他。周部落最后灭了商朝，翻开了中国历史新的一页。

一日一字

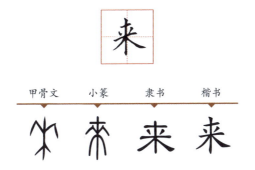

甲骨文　　小篆　　隶书　　楷书

　　甲骨文的"来"字，像一棵小麦的形状，中间是直立的麦秆，上面是左右的麦叶，下面是麦根。"来"的本义是小麦。后来字形经过演变，意思和用法也就变了。

常用意思	从别处到说话人所在地	举例：来往　来信
	未来的	举例：来年　来日方长
	词缀，构成时间词	举例：向来　近来

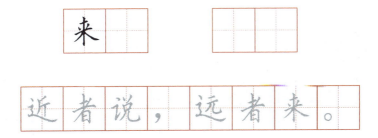

近者说，远者来。

以直报怨，以德报德

或°曰："以德°报怨°，何如？"

子曰："何以报德？以直°报怨，

以德报德。"（宪问）

背诵小贴士：带读10遍，独读10遍，背诵5遍，考背5遍。

注释

或：有人。

德：恩惠。

怨：怨恨，仇恨。

直：公平正直。

译文

　　有人对孔子说："用恩惠来报答怨恨，怎么样？"
孔子说："拿什么来报答恩惠呢？用公平正直来回报
怨恨，用恩惠来报答恩惠。"

杨老师讲《论语》

以德报怨，后来演化为成语，意思是用恩惠报答怨恨，比喻待人宽厚，不计恩怨。历史上有很多以德报怨的佳话。

春秋时期，楚国和梁国交界，在边界的空地上，两国的亭卒各自种了西瓜。梁国的亭卒很勤快，浇水、施肥、除草，西瓜长得又大又圆。楚国的亭卒懒惰，什么也不干，西瓜自然长得不好。他们心生嫉妒，暗地里把梁国西瓜的瓜秧扯断了。

梁国的亭卒很生气，报告了当地的县令宋就。宋就说："如果我们也去扯断他们的瓜秧，这样做痛快也解气，但你们想过没，他们做错了，我们还要跟着做吗？"梁国亭卒觉得有道理，在宋就的安排下，他们悄悄地帮楚国亭卒的瓜秧浇水、除草。楚国亭卒知道后惭愧得无地自容，楚国国君听说后，特备厚礼让人送到梁国，以表歉意。

以德报怨可以化干戈为玉帛，但孔子不赞成以德报怨，也反对以怨报怨，而是主张"以直报怨，以德报德"。

一日一字

甲骨文	小篆	隶书	楷书

徝 德 德 德

　　甲骨文的"德"字，四周围绕着的，表示十字路口；右边是一只眼睛，上面有一条垂直的线，表示目光直视。结合在一起，就是行动要正，而且"目不斜视"。"德"的本义是行得正，后来引申为德行。

常用意思 ｛ 道德，品行　　举例：品德　德才兼备
　　　　　 心意　　　　　举例：离心离德
　　　　　 恩惠　　　　　举例：感恩戴德

以 德

以 直 报 怨 以 德 报 德

爱之，能勿劳乎

子曰："爱之，能勿劳°乎？
忠°焉，能勿诲°乎？"（宪问）

背诵小贴士：带读10遍，独读10遍，背诵5遍，考背5遍。

注释

劳：使……劳累。

忠：忠于。

诲：教导。

译文

孔子说："爱他，能不让他劳苦吗？忠于他，能不教导他吗？"

杨老师讲《论语》

孔子告诉我们，真正爱一个人，就要为他做长远的考虑和打算。

战国时期，秦国派兵围攻赵国，赵国向齐国求救。齐国答应出兵相救，但有一个条件，要求赵威后把她的幼子长安君送到齐国去当人质。赵威后爱子心切，不肯答应这个要求。赵国的大臣纷纷向赵威后进谏，赵威后始终不肯改变主意。

疼爱自己的孩子是人之常情，赵国的左师触龙对赵威后说："各个诸侯国的子孙，没有一个连续几代继承爵位的，就是因为他们都过分受宠爱了，没有什么功绩。现在长安君有您的庇佑，地位尊贵，假如哪一天您不在世了呢？太后如果真的爱长安君，就要让他有机会为国家建立功业，作出贡献，获得威望。"

赵威后被触龙的话打动了，最终接受了齐国的条件。齐国信守承诺，出兵救赵，赵国因此转危为安。也正是触龙的一席话，让赵威后懂得了，什么才是对儿子真正的爱。

一日一字

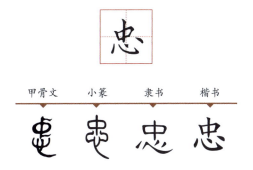

甲骨文　小篆　隶书　楷书

　　甲骨文的"忠"字，上面是一个旗帜，表示中间，下面表示心。把心放在中间，不偏不倚就是忠，每个人都应该忠于自己的内心。"忠"的本义是忠诚无私、尽心竭力。

常用意思 {
忠诚　　举例：忠心　忠义　效忠

诚恳　　举例：忠告　忠言逆耳
}

忠　焉

爱之，能勿劳乎？

背默小天才

己所不欲，勿 □ 于人。

暴虎冯河，死而 □□ 者，吾不与也。

近者悦，远者 □ 。

以直报怨，以德报 □ 。

己欲 □ 而立人，己欲达而达人。

爱之，能勿 □ 乎？忠焉，能勿 □ 乎？

立志

加油，努力成长的追风少年

当仁，不让于师

子曰："当°仁，不让于师°。"（卫灵公）

背诵小贴士：带读5遍，独读10遍，背诵5遍，考背5遍。

注释

当：面临。

不让于师：遇到应该做的事，应带头去做而不谦让。

译文

孔子说："面临实行仁德的事，就是老师，也不同他谦让。"

杨老师讲《论语》

成语"当仁不让"就来自这则《论语》语录，意思是遇到应该做的事情，就要主动积极地去做，绝不推让。

战国时期，秦昭王即位之初，时局未稳，六国合纵对秦国发起攻击，企图一举消灭秦国。当时，白起只是军中的一名小将领，还没有统率全军的资格。秦国生死存亡之际，秦国的君臣聚在一起商议战事，突然有人来报："白起昏倒在宫门口。"

原来，白起连夜赶去函谷关探查敌情，又马不停蹄地赶回来报告秦昭王，因劳累过度昏倒在了宫门口。等白起清醒过来后，秦昭王和众臣都希望他率军迎战。

白起慨然受命，果然不负众望，取得了很多场战争的胜利，成就了他"战神""常胜将军"的名号。白起在秦国生死存亡之际，没有固守自己的规矩，而是当仁不让地承担起了自己的责任，这就是孔子主张的"当仁，不让于师"。

一日一字

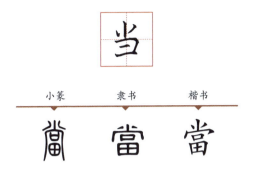

小篆　　　隶书　　　楷书

當　當　當

　　小篆的"当"字，是由"尚"加上"田"组成。随着字形演变，"當"简化为"当"。"当"的本义指两块田价相等，泛指相称。"当"为多音字，读音为 dāng 和 dàng。以下是读音 dāng 的常用意思。

常用意思 ｛ 相称　　　　举例：相当　门当户对
　　　　　　掌管，主持　举例：当家　独当一面
　　　　　　阻挡，抵挡　举例：锐不可当

当仁

当仁，不让于师。

191

第四十五课

松柏后凋

子曰："岁寒，然后知松柏之后°凋°也。"（子罕）

背诵小贴士：带读5遍，独读10遍，背诵5遍，考背5遍。

192

注释

后：最后。

凋：凋零，零落。

译文

　　孔子说："到了严寒冬天，才知道松柏树是最后凋零的。"

杨老师讲《论语》

孔子周游列国，曾应楚昭王的邀请，前往楚国。孔子去楚国，要经过陈国和蔡国。两国的执政官一致认为，孔子是一位贤能的人，如果他被楚国重用，陈国和蔡国就危险了，于是派人把孔子及其弟子围困在陈国和蔡国的交界处。

被围困的几天里，孔子和弟子们吃不上一粒米，仅靠喝野菜汤维持。弟子们饿得头晕眼花，孔子却淡定地在屋子里弹琴唱歌。弟子们都说："老师，您难道不害怕，也不着急吗？怎么还有心情弹琴？"

孔子说："我一直坚守信义之道，遭到小人的陷害，这是情理之中的事情，哪里就穷途末路了？天气寒冷，才能知道松树和柏树是最后凋谢的。一个志向远大的人，就应该像松树和柏树一样，不惧严寒和风雪，经受住各种严峻考验。"孔子说完，继续弹琴。

孔子以松柏后凋的自然现象作比喻，说明气节的重要性。

一日一字

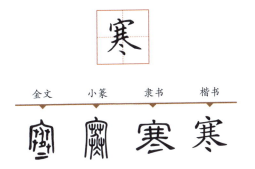

金文	小篆	隶书	楷书

　　金文的"寒"字，是一个人待在房子里，光着脚踩在两块冰上，说明天气很冷，他在周围放了一些稻草取暖，仍然很冷。"寒"的本义是寒冷，引申为害怕、卑微、冷清等。

常用意思	冷	举例：寒冬　天寒地冻
	害怕，畏惧	举例：心寒　胆寒
	贫穷	举例：贫寒　寒门

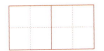

任重而道远

曾子曰："士◦不可以不弘毅◦,任重而道远。仁以为己任,不亦重乎?死而后已,不亦远乎?"（泰伯）

背诵小贴士：带读10遍,独读10遍,背诵5遍,考背5遍。

注释

士：读书人。

弘毅：抱负远大，意志坚强。

译文

曾子说："读书人不可以不抱负远大，意志坚强，因为他肩负沉重的使命，而且路途遥远。把实现仁德作为自己的任务，不也是很重大的吗？为之奋斗，到死才停止，不也是很遥远的吗？"

杨老师讲《论语》

曾子的这番话，一直鼓励着后世的君子，以天下兴亡为己任。这种浩然正气和极强的责任心，影响了众多的文人墨客。

范仲淹是北宋名臣，也是伟大的文学家、思想家、教育家。范仲淹两岁的时候父亲去世了，虽然生活很困苦，但范仲淹从小就懂得立志，要么做宰相，要么做医生，因为他认为，良相和良医都可以救人。

立下志向的范仲淹，学习非常刻苦，日夜不停地苦读。为了节省开支，每天只煮一锅粥，冷却后用刀划成四块，早晚各吃两块。凭着努力向学的劲头，范仲淹学有所成，后来做了官。他倡导的"先天下之忧而忧，后天下之乐而乐"成为千古名言，对后世影响深远。

由此可见，立下志向后，真是任重而道远啊！

一日一字

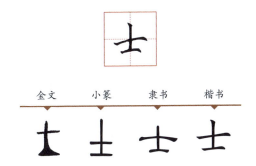

金文　　小篆　　隶书　　楷书

金文的"士"字，像一把大斧。"士"的本义是治狱的刑官。士的称谓经历了很多的变化，后引申指男子、官阶等。

常用意思
- 对人的美称　　举例：勇士　女士
- 军人　　　　　举例：士兵　士气
- 指某些技术人员　举例：医士　护士

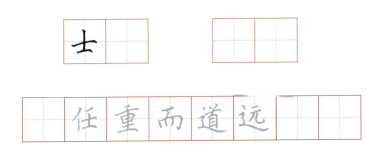

子畏于匡

子畏°于匡，曰："文王既没，文不在兹°乎？天之将丧°斯文也，后死者°不得与于斯文也；天之未丧斯文也，匡人其如予何°？"(子罕)

注释

畏：这里指"拘禁"。

兹：这，此。指孔子自己。

丧：毁灭，消灭。

后死者：指孔子自己。

如……何：把……怎么样。

译文

孔子被匡地的人所拘禁，便说："周文王去世以后，周代的文化遗产不都在我这里吗？如果上天要毁灭这种文化，那我也不会掌握这些文化了；如果上天不要毁灭这种文化，那匡地的人又能把我怎么样呢？"

杨老师讲《论语》

孔子在匡地被围困，是孔子周游列国途中最凶险的一次。公元前497年的一天，孔子从卫国去往陈国，经过匡地的时候被拘禁了。为什么会发生这样的事情呢？

原来，孔子的家乡鲁国有一个名叫阳虎的人，曾经攻打过匡地，孔子的学生颜高曾经跟着阳虎打过匡地。一行人经过匡地时，颜高指着一段残缺的城墙对老师说："喏，那地方有个缺口，我们就是从那里攻进去的。"这话恰好被匡地的人听到，而孔子和阳虎长得很像，匡地的人以为阳虎又来了，便将孔子一行人拘禁起来。

学生们都很担忧，孔子却泰然自若地说了"文王既没，文不在兹乎……"这段话。说罢让子路弹琴，其他人附和，歌声婉转动人。匡地的人觉得奇怪，这一群人温文尔雅，不像上次攻打我们的人呀？五天后，匡人知道了孔子不是阳虎，就放了他们。

孔子一向谦虚谨慎，这一次如此自信地说天下的文化都在他这里，是因为孔子知道传承文化是他的"天命"，他相信中国文化是不会失传的。

一日一字

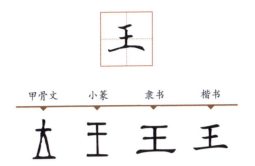

| 甲骨文 | 小篆 | 隶书 | 楷书 |

甲骨文的"王"字，是一把大斧头，上面是斧柄，下面是宽刃，这是实力和权威的象征，所以古代的最高统治者被称为"王"。"王"的本义是最高统治者。

常用意思
- 君主，最高统治者　举例：君王　国王
- 封建社会的最高爵位　举例：王爵　亲王
- 同类中居首位的　举例：蜂王　猴王

文王

文不在兹乎

吾十有五而志于学

子曰："吾十有°五而志于学，三十而立°，四十而不惑，五十而知天命，六十而耳顺°，七十而从心所欲，不逾° 矩°。"（为政）

背诵小贴士：带读10遍，独读10遍，背诵10遍，考背5遍。

注释

有：同"又"，表示相加的关系。

立：站立，这里指"站得住"。

耳顺：明辨是非。

逾：越过。

矩：规矩。

译文

孔子说："我十五岁开始立志学习，三十岁时能够站稳脚跟，四十岁时心中不再迷惑，五十岁时知道什么是天命，六十岁时听到别人说话可以分辨真假是非，到了七十岁，说话、做事能够随心所欲，却不会越出规矩。"

杨老师讲《论语》

这是孔子在晚年时对自己做的一次人生总结。

孔子三岁时，父亲就去世了，母亲带着他搬到曲阜。孔子很有志气，在十五岁时就立下了好好学习知识和本领的志向。孔子发奋学习，后来他博学的名气越来越大，很多人拜他为师，做了他的学生。

孔子三十五岁时来到齐国，没能施展自己的抱负，两年后回到自己的家乡鲁国，还是没有从政机会，但他的学问更广博了。五十岁后，孔子曾在鲁国做代理宰相，后来不得已离开鲁国，开始了长达十四年的周游列国的旅程。孔子直到六十八岁才回到鲁国，既然官当不成，那就继续安安心心做学问，当老师和整理文献。

孔子从十五岁立下志向就一直在努力践行，真正做到了"活到老，学到老"。孔子是越活越明白，越活越豁达，到最后实现了"从心所欲，不逾矩"的至高境界。

一日一字

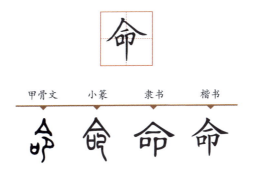

甲骨文　　小篆　　隶书　　楷书

　　　甲骨文的"命"字，上部像一个大屋顶，下面是一个席地而坐或半跪着的人，似等待命令的发布。"命"的本义是命令、差使，后引申出生命、命运等义。

常用意思 { 命令，指示　　举例：奉命　待命
　　　　　 生命，性命　　举例：救命　拼命
　　　　　 命运　　　　　举例：认命　算命

天 命

吾 十 有 五 而 志 于 学

匹夫不可夺志也

子曰："三军°可夺°帅也，匹夫°不可夺志也。"（子罕）

背诵小贴士：带读5遍，独读5遍，背诵5遍，考背5遍。

注释

三军：按周朝的制度，诸侯中的大国可以拥有上军、中军、下军三军，每军12 500人，各军都有主帅。

夺：失去。

匹夫：平民，普通百姓。

译文

孔子说："三军的主帅可以被夺去，而普通人立下的志向却是任何力量都改变不了的。"

杨老师讲《论语》

孔子说这句话，目的是告诉弟子们，一个人应该坚定信念，矢志不渝。

苏武是西汉杰出的外交家，公元前100年，四十岁的苏武奉汉武帝之命持节出使匈奴，恰逢匈奴内部发生动乱，苏武一行人受到牵连，被扣留了下来。

匈奴单于派人游说苏武，让他背叛汉朝、臣服单于，苏武严词拒绝了。匈奴见劝说无效，将他囚于山谷，断水断粮数日，他依旧不屈服。单于敬佩苏武是个有骨气的人，将他流放至今天的西伯利亚内加尔湖一带牧羊，承诺公羊什么时候生下羊崽就让他回汉朝。

苏武凭着心中强大的意念，坚信自己终有一天会回去，就这样年复一年地坚持着。十九年后，汉武帝的儿子汉昭帝即位，匈奴又发生内乱，单于向汉朝求和，汉昭帝派出使者接回了苏武。回到汉朝的苏武，胡须、头发都白了，持节向汉昭帝复命。

这就是"匹夫不可夺志也"。可见，普通人立下的志向，是任何力量都改变不了的。

一日一字

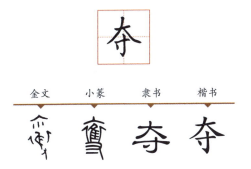

金文	小篆	隶书	楷书

    金文的"夺"字，上面是衣服里藏着小鸟，下面是一只手，意为抓住了鸟会把它藏到衣服里，但是也很容易丢失。"夺"的本义是失漏，后引申为抢夺、争取、胜过等。

常用意思 {
强取，抢　　举例：掠夺　强词夺理
胜过，压倒　举例：巧夺天工
做决定　　　举例：定夺　裁夺

匹夫　　　　　　　　

匹夫不可夺志也

各言尔志

颜渊季路侍◦。子曰："盍◦^{hé}各言尔志？"

子路曰："愿车马衣轻裘与朋友共敝之而无憾◦。"

颜渊曰："愿无伐◦善，无施劳。"

子路曰："愿闻子之志。"

子曰："老者安之，朋友信之，少者怀之。"（公冶长）

背诵小贴士：带读10遍，独读20遍，背诵10遍，考背5遍。

注释

侍：指孔子坐着，弟子站着。

盍：何不。

憾：遗憾。

伐：夸耀，自夸。

译文

孔子坐着，颜渊、季路站在孔子旁边。孔子说："你们何不说说各自的志向？"

子路说："我愿意把我的车马衣服同朋友共同使用，用坏了也没有什么遗憾。"

颜渊说："我愿意不夸耀自己的优点，不夸大自己的功劳。"

子路说："希望听到您的志向。"

孔子说："我的志向是，老年人能安享晚年，朋友之间坦诚相待，少年人得到关怀。"

杨老师讲《论语》

这是一场有趣的对话，犹如师生之间午后的闲谈。《孔子集语》也记录了同样的一幕，这次多了子贡，他们登上戎山，各自说着自己的志向。

子路豪情万丈地说："我希望带领大军驰骋战场，夺取千里土地，到时候请子贡和颜回做我的副官。"孔子赞道："真是勇士啊！"

子贡说："齐国和楚国将要交战，我要凭一己之力，化解两国纠纷。"孔子赞道："真是辩士啊！"

颜渊说："我希望遇到英明的君主，辅佐他，使千秋万代永无战争。"孔子赞道："真是贤士啊！"

最后，孔子说："颜渊的志向就是我的志向，到时候我背上行囊，去做颜回的家臣。"

看得出，孔子两次谈志向，都彰显了一个以天下为己任的智者的胸襟，他想要全天下的人都过得安乐。

一日一字

金文	小篆	隶书	楷书

金文的"志"字，上面的字形是"之"字，下面是心，表示意愿。两者合起来，表示内心追求的目标。到小篆时，字形变化不大。"志"的本义指志向、志愿。

常用意思 {
志向，志愿　　举例：立志　志同道合
志气，意志　　举例：人穷志不短
记　　　　　　举例：志喜　永志不忘
}

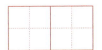

背默小天才

当 ☐ ，不让于师。

岁寒，然后知 ☐☐ 之后凋也。

士不可不弘毅，任重而 ☐☐ 。

三十而 ☐ ，四十而不 ☐ 。

三军可夺帅也，匹夫不可 ☐☐ 也。

老者 ☐ 之，朋友 ☐ 之，少者 ☐ 之。